W0089359

Teufelswerk und Geisterspuk

Umschlaggestaltung: Johannes Bee
Layout: Eva Kraskes, Köln
Druck und Bindung: Clausen & Bosse GmbH, Leck
Printed in Germany 2005
ISBN 3-89705-406-X

www.emons-verlag.de

Yvonne Plum

Teufelswerk und Geisterspuk

Unheimliches aus dem alten Köln
Mit Illustrationen von Johannes Bee

Emons Verlag

Inhalt

Der wahre Kern 9
Das Vorwort, auch als Nachwort zu lesen.

Totentanz 15
Man sollte gut überlegen, was man sich wünscht,
denn es könnte in Erfüllung gehen!

Die Stimme im Brunnen 19
Wer zu spät kommt, den bestraft manchmal der Tod.

Die Geister auf dem Hügel 27
Damit der erste Dom entstehen konnte, mussten die ansässigen
bösen Geister erst einmal ins Rechtsrheinische entsorgt werden.

Gott ist mein Zeuge! 31
Wer das nicht einsieht, sieht unter Umständen bald gar nichts mehr.

Bis zum dritten Hahnenschrei 37
Frauen sind schlauer, denn notfalls gelingt es ihnen sogar,
den Teufel zu überlisten.

Die Teufelsglocke 49
Mit Teufels Hilfe wurde die Glocke zwar fertig,
doch sie hatte einen höllischen Klang.

Eines weisen Mannes Rache 55
Das Aufeinanderprallen der Weisheit eines Gelehrten und der
Dummheit eines Kaisers versprechen spannende Unterhaltung
mit vielen »special effects«. Zum Glück ist der Kaiser lernfähig.

Die Krötenkiste 61

Von einer Kiste voller Gold bleiben nicht mehr als ein paar Kröten, und seither kann keines dieser schleimigen Tierchen mehr die Schwelle von St. Gereon lebend überschreiten.

Die Totenmesse 67

Wer von Geistern den eigenen Tod gezeigt bekommt, hat nicht mehr lange zu leben.

Es wird Zeit, dass du gehst! 71

Eine Mitternachtsmesse mit zu viel Alkohol im Blut kann gefährlich werden.

Der schwarze Mönch 77

Wenn schwarze Mönche düstere Drohungen aussprechen und gesottene Krebse zu neuem Leben erwachen, ist die Strafe für ein böses Leben nicht mehr weit.

Rathausspuk 83

Klüngeln ist zwar erlaubt, doch wegen seines harten Herzens und übermäßiger Geldgier musste der Bürgermeister in einer glühenden Kutsche spuken.

Im Dunkel der Nacht 89

… geschieht geheimnisvolles Unrecht im großen Stil. Doch die Hebamme brachte es ans Licht.

Der Teufel im Hahnentor 99

Wahrer Glaube besiegt selbst den Höllenfürsten.

Vollmond überm Eigelstein 103

Wahrer Unschuld und Frömmigkeit kann auch der stärkste Werwolf auf Dauer nicht widerstehen.

Der letzte Heinzelmann 111

Ein wehrhafter Heinzelmann schlug einst üble Faulpelze in die Flucht.

Das Ungeheuer auf dem Elendsfriedhof 117

Wer Geister und Höllenhunde fürchtet, sollte Friedhöfe nach Einbruch der Dunkelheit meiden.

Verfluchte Stadt 123

Nicht nur das Wünschen, sondern auch das Fluchen sollte gut überlegt sein. In diesem Fall hätte ein wenig Ortskenntnis allerdings helfen können.

Drei Tage bis zum Tod 129

Weiße Frauen bei Nacht sind schön, verständnisvoll – und mit Vorsicht zu genießen.

Aus einem fernen Land 133

Kleine Kinder brauchen den Sensemann nicht zu fürchten, denn zu ihnen kommt ein himmlischer Todesbote.

Der wahre Kern

Das Vorwort, auch als Nachwort zu lesen.

... IST ES, DER DIE SAGE VON GÄNZLICH ERFUNDENEN Geschichten wie etwa Märchen unterscheidet. Manchmal handelt es sich dabei einfach um Dinge, für die man eine Erklärung suchte, wie etwa die unheimlichen Grinköpfe, an deren Entstehung Erzbischof Anno schuld sein soll, oder die Darstellung eines alten Mannes mit einem Krebs in der Hand an einem Haus. Man erfand eine Geschichte darum herum, die oft nach einigen Jahren oder Jahrzehnten für wahr gehalten und schließlich als historischer Fakt überliefert wurde.

Gelegentlich sind es Geschichten, die sich um berühmte Persönlichkeiten wie Albertus Magnus, Karl Martell oder den ersten Dombaumeister, Meister Gerhard, ranken.

Manchmal sind es Orte, die eine wichtige Rolle spielen. Gotteshäuser etwa werden oft mit Geistern und Dämonen in Verbindung gebracht. Kaum eine bedeutende Kirche hat nicht irgendeine Teufelsgeschichte aufzuweisen. Die Tatsache, dass jede Kirche früher ihren eigenen Friedhof hatte, hat sicher zu den Erzählungen über mitternächtliche Geistermessen beigetragen, denn diese Orte galten als besonders unheilschwanger. Am gefürchtetsten waren dabei die so genannten Elendsfriedhöfe, auf denen Fremde, die zum Beispiel während einer Pilgerfahrt in der Stadt verstarben, aber auch Ketzer und Menschen einer anderen als der katholischen Konfession ihre letzte Ruhestätte fanden. Frühen Erzählungen zufolge enthaupteten gelegentlich die Femegerichte zum Tode Verurteilte auf ihnen und verscharrten die Leichen an Ort und Stelle. Da diese Toten ohne Segen in ungeweihter Erde bestattet worden waren, fanden ihre Seelen keine Ruhe und flößten allnächtlich den Lebenden Angst und Schrecken ein, denn für die Menschen früherer Zeit waren übernatürliche Wesen, seien es nun Teufel, Engel oder Geister, eine unleugbare Realität.

Relativ selten treten unheimliche Tiere auf. Vielleicht hatte der Höllenhund vom Elendsfriedhof seinen Ursprung ja in Fällen von Vandalismus? So konnte man die Schändung der Gräber erklären, ohne einen Menschen zu beschuldigen.

Etwas anders liegt es bei der Werwolfgeschichte »Vollmond überm Eigelstein«. Sie begegnete mir ursprünglich in einer sehr kurzen Fassung, in der der Vater sein Kind in Wolfsgestalt attackiert, das Mädchen sich aber retten kann und mit seiner Frömmigkeit später den Vater erlöst. Bereits beim ersten Lesen drängte sich mir der Verdacht auf, dass es sich dabei um eine verschlüsselte Inzestgeschichte handeln könnte. Tatsächlich stellte sich bei genauerer Nachforschung heraus, dass die Realität in diesem Fall sehr viel grausamer war als die Sage. Im Jahr 1589 wurde in Bedburg, welches zur kölnischen Gerichtsbarkeit gehörte, ein Mann namens Peter Stumpf zum Tode verurteilt. Er hatte gestanden, seit fünfundzwanzig Jahren als Werwolf sein Unwesen getrieben, dreizehn Kinder sowie seinen eigenen Sohn, zwei schwangere Frauen und etliche andere Menschen getötet und teilweise ihr Fleisch gegessen zu haben. Außerdem gab er zu, mit seiner Tochter und seiner Schwester geschlafen zu haben, woraufhin diese als Komplizinnen zusammen mit ihm hingerichtet wurden. Die Geschichte vom Werwolf am Eigelstein kann somit frühestens ab der Mitte des 17. Jahrhunderts entstanden sein, zu einer Zeit, in der niemand mehr lebte, der sich an den Vorfall genau erinnerte. Die Details der Vorlage waren zu grausig und wurden deshalb in der Sage reduziert auf eine einzige Attacke auf die Tochter. Köln war bekannter als Bedburg, daher verlegte man die Erzählung kurzerhand hierher. Das glückliche Ende, das im absoluten Widerspruch zu der wahren Begebenheit steht, sollte eine moralische Botschaft vermitteln: Wer wirklich bereut, dem hilft Gott auch aus einer scheinbar ausweglosen Situation.

Manchen mag es erstaunen, dass diese Erzählung also gar nicht so alt ist, nicht aus dem Mittelalter stammt. In der Tat entstanden viele Kölner Sagen erst in der Zeit des späten Hochmittelalters und der Frühen Neuzeit. Die jüngste in meiner Sammlung dürfte wohl »Die Teufelsglocke« sein, denn sie zeigt deutliche Parallelen zur Geschichte der Kaiserglocke. Im Jahr 1872 wurde ihr Guss von Kaiser Wilhelm I. bewilligt, der dazu zweiundzwanzig erbeutete französische Kanonen zur Verfügung stellte. Die ersten beiden Güsse misslangen jedoch. Die Glocke traf den vorgeschriebenen Ton »C« nicht. Der dritte Guss war nur mäßig zufriedenstellend. Trotzdem wurde er akzeptiert, da man hoffte, durch einen anderen Klöppel und die Aufhängung im Domturm den Klang verbessern zu können. Die Hoffnung erfüllte sich nicht. Die Glocke wurde 1918 »recycelt« – sie wurde eingeschmolzen, um daraus neue Kanonen herzustellen.

Möglicherweise geht die Sage auf eine ältere Version zurück, die sich vielleicht sogar auf eine andere Kirche bezogen haben könnte. In der jetzigen Form scheint sie jedoch ziemlich eindeutig ins zwanzigste Jahrhundert datierbar.

Nicht immer lässt sich der wahre Kern so leicht wie in diesem Fall rekonstruieren, da Sagen bis zur Zeit der Romantiker vornehmlich mündlich weitergegeben wurden. Wenn man allerdings tatsächlich alte Fassungen findet, fällt auf, wie fabulierfreudig unsere Vorfahren waren, denn schon innerhalb relativ kurzer Zeit finden sich Varianten, die gegenüber der »Ur-Fassung« erheblich ausgeschmückt und erweitert sind. So heißt es in einer alten Version der Sage, die ich in diesem Buch »Der schwarze Mönch« genannt habe, nur, dass der Reiche bei einem Fest geprahlt habe, eher würden die toten Krebse in den Rhein zurück wandern, als dass sein Vermögen zugrunde ginge. Aus dem Fest wurde die Hochzeit der Tochter. Dann kam der schwarze Mönch hinzu. Und zuletzt die Geschichte seiner Reue und Buße.

Noch drastischer war die Entwicklung der »Dombau-Sage«. Ursprünglich ging der erste Dombaumeister eine Wette mit dem Teufel ein, die er verlor, und ehe der Teufel seine Seele holte, verfluchte er den Dom, so dass er niemals vollendet werden kann. Ganz anders klingt es in der hier abgedruckten Version, bei der es der Frau des Dombaumeisters gelingt, den Teufel zu überlisten (»Bis zum dritten Hahnenschrei«). Diese beiden Geschichten haben fast nichts mehr gemeinsam.

Die mündliche Tradition wird heute wohl am ehesten von einigen Stadtführern (wieder) gepflegt, die sich, ähnlich wie ich, mehr den Geschichten als der Geschichte der Stadt verschrieben haben. Dabei fällt auf, wie stark das Interesse an diesem Thema gerade in den letzten Jahren gewachsen ist. Oft werde ich auch am Ende gefragt: »Wo kann man das denn nachlesen?« Gute Frage. Natürlich gibt es noch immer Sagenbücher zu kaufen. Häufig handelt es sich dabei allerdings um aus verschiedenen älteren Quellen zusammengetragene Texte, die nicht sehr vergnüglich zu lesen sind.

Da ich schon fast ebenso lange Schriftstellerin wie Stadtführerin bin, war es für mich nahe liegend, beides zu verbinden und mich dieser Geschichten anzunehmen, sie zu entstauben und für ein modernes Publikum wieder zu beleben. Dabei habe ich mir ähnliche Freiheiten herausgenommen wie meine Vorgänger, habe, wo es sinnvoll schien, hinzufabuliert und ergänzt, mich aber bemüht, eine gewisse historische Authentizität zu wahren. Meine Änderungen zielen vor allem darauf ab, die Geschichten unterhaltsamer und lesbarer zu machen. Ich kann nur hoffen, dass mir das gelungen ist und Sie, lieber Leser bzw. liebe Leserin, viel Spaß an diesem Buch haben werden.

An dieser Stelle möchte ich gern an Goswin Peter Gath (†1959) erinnern, dem ich zu besonderem Dank verpflichtet bin. Seit den späten Dreißigerjahren hat er zahlreiche Sagensammlungen veröffentlicht, die für mich eine reiche Fundgrube waren. Ein ganz besonderes Dankeschön geht außerdem noch an Johannes Bee, der mit seinen fantastisch gruseligen Illustrationen wesentlich zur Atmosphäre dieser Erzählungen von der dunklen Seite Kölns beigetragen hat.

Totentanz

Man sollte gut überlegen, was man sich wünscht, denn es könnte in Erfüllung gehen!

MANES UND WENDELIN WAREN MUSIKANTEN, die schon seit vielen Jahren bei allen größeren Festen in der Kölner Gegend aufspielten und einiges Ansehen genossen, da sie ihre Kunst besser verstanden als mancher andere, der mit Fiedel und Flöte über Land zog. Zu Pfingsten waren sie in die Stadt gekommen und hatten einen ordentlichen Batzen Geld verdient, von dem sie gut und gerne einige Wochen hätten leben können, wenn, ja wenn sie nicht dummerweise am letzten Abend beschlossen hätten, selbst noch ein wenig Spaß zu haben. Dabei ließen sie sich zum Würfelspiel verleiten. Nach einer kurzen Glückssträhne, die sie übermütig machte, hatten sie jedoch nur noch Pech gehabt, und als der Gastwirt sie schließlich zu später Stunde vor die Tür setzte, klimperten in ihren Beuteln weniger Münzen, als sie tags zuvor mit in die Stadt gebracht hatten. Um eine Herberge zu bezahlen, reichte das nicht mehr, und so beschlossen sie verärgert, Köln zu verlassen und sich unterwegs nach einer leeren Scheune oder etwas Ähnlichem umzusehen, wo sie die Nacht verbringen konnten.

Diesen Entschluss bereuten sie allerdings schon bald, denn sie waren durch das Weyertor im Süden gegangen, ohne zu bedenken, dass sie dort erst einmal einen finsteren Wald durchqueren mussten, ehe sie wieder auf freies Feld gelangten. Anfangs leuchtete ihnen der Mond, doch allmählich kam Wind auf, in der Ferne war dumpfes Donnergrollen zu hören und dichte Wolken verdunkelten den Himmel. »Verdammt! Jetzt geraten wir auch noch in ein Unwetter«, knurrte Manes. Tatsächlich zuckte im nächsten Augenblick ein Blitz auf, ohrenbetäubendes Krachen folgte, und dicke Regentropfen prasselten auf sie nieder. Die Finsternis machte es ihnen unmöglich, etwas zu sehen. So dauerte es nicht lange, bis sie sich in ihrem Bemühen, den herabstürzenden Wassermassen zu entkommen, gründlich verlaufen hatten. Wie sehr sie auch versuchten, etwas zu erkennen – der Weg war und blieb verschwunden. Inzwischen hatte sich Wendelins Hut so mit Regen voll gesogen, dass die Hutkrempe unter dem Gewicht plötzlich herunterklappte und sich ein eiskalter Schauer über seinen Rücken ergoss. Das war zu viel! Wütend brüllte er in den Wind: »Verdammt noch mal! Lieber würde ich dem Teufel zum Tanz aufspielen, als noch eine Minute länger hier draußen zu bleiben!«

Erschrocken packte Manes ihn am Ärmel und schimpfte: »Wirst du wohl deine Lästereien lassen! Man soll das Schicksal nicht herausfordern und …« Weiter kam er nicht, denn beinahe wären sie mit einem großen pechschwarzen Pferd zusammengestoßen, das wie aus dem Boden gestampft vor ihnen aufgetaucht war. Der Reiter, ein vornehmer Herr mit rotem Umhang und einem Hut, an dem drei Hahnenfedern wippten, funkelte sie von oben herab an. »Was sehe ich denn da! Habt ihr euch etwa verlaufen? Nun, ich kann euch helfen, den Weg wiederzufinden. Vielleicht kann ich euch aber auch noch ein besseres Angebot machen.« Dabei ließ er seinen Blick abschätzend über die beiden durchnässten Gestalten gleiten. »Ihr seid wohl Musikanten? Solche wie ihr kämen mir gerade recht, denn ich gebe heute noch ein Fest auf meiner Burg, und die Spielleute haben mich versetzt. Ich zahle gut.« Bei diesen Worten ließ er seinen Beutel verheißungsvoll klimpern. Manes und Wendelin sahen sich an. Der Kerl war ihnen zwar nicht ganz geheuer, und wer gab zu so später Stunde noch ein Fest? Doch andererseits bot sich hier eine Möglichkeit, den am Abend erlittenen Verlust wieder wettzumachen. Zögernd meinte Manes: »Das klingt in der Tat verlockend, hoher Herr. Aber wie sollen wir Eure Burg mitten in der Nacht bei diesem Wetter finden?« Der Reiter lachte kalt. »Macht euch darum keine Sorgen. Mein Ross ist stark und wird uns alle drei tragen.« Im Handumdrehen hatte er die beiden gepackt, den einen vor, den anderen hinter sich aufs Pferd gesetzt, gab dem Tier die Sporen und schon rasten sie durch den Wald wie die Wilde Jagd. Innerhalb kürzester Zeit hielten sie vor einer großen, hell erleuchteten Burg. Der Hausherr führte sie über den Hof direkt in einen großen Saal, wo viele festlich gekleidete Menschen beisammen standen.

Das war allerdings eine ziemlich seltsame Gesellschaft: Alle waren so blass, als hätten sie noch nie das Licht des Tages gesehen; einige trugen altmodische Gewänder, wie aus einem anderen Jahrhundert; niemand sprach ein Wort.

Doch noch ehe sich Manes und Wendelin allzu viele Gedanken darüber machen konnten, schob der geheimnisvolle Herr sie durch die Menge an ihren Platz, und als Wendelin, wie es Brauch war, seinen Hut auf die Erde legte, warf er zwei Goldstücke hinein, klatschte in die Hände und rief: »Spielt auf, ihr beiden, spielt auf, denn wir wollen uns heute Abend noch recht von Herzen amüsieren!« Eine weitere Aufforderung brauchten die beiden nicht, denn bei dem Glanz der Münzen wären ihnen fast die Augen aus dem Kopf gefallen. Das war ja mehr, als sie in den zwei Tagen in Köln verdient hatten!

Kaum erklangen die ersten Töne, begannen die Paare sich im Tanze zu wiegen. Dabei wirkten sie jedoch ungelenk und steif, fast wie Marionetten, die sich im Wind drehen. Auch hörte man kein Gespräch von ihnen, kein einziges Lachen. Nach einer Weile wurde es Wendelin und Manes ein wenig unheimlich zumute, und sie beschlossen aufzuhören. Als sie jedoch Fiedel und Flöte sinken ließen, fielen erneut zwei Goldstücke in ihren Hut, der Hausherr klatschte wieder in die Hände und rief: »Nur keine Müdigkeit, ihr beiden! Die Nacht ist noch lang. Also spielt ruhig weiter.«

Und so ging es noch viele Stunden lang. Immer, wenn Wendelin und Manes beschlossen, dass es nun aber endgültig genug sei, wurden sie durch einen neuen Geldsegen dazu verlockt weiterzuspielen. Bis zum ersten Hahnenschrei.

Kaum war der erklungen, verschwanden Burg und Festgesellschaft wie von Zauberhand. Verwundert rieben die beiden sich die Augen. Wo waren sie hier? Da stieß Manes einen schrillen Schreckensschrei aus und wies nach oben. Über ihren Köpfen tanzten die Körper der Gehenkten im Wind – sie standen auf Melaten, der Hinrichtungsstätte von Köln! Rasch griff Wendelin nach seinem Hut, von dem er glaubte, er sei randvoll mit Geld, und packte stattdessen mitten hinein in einen großen Haufen warmer Pferdeäpfel. In der Ferne aber verklang das höhnische Gelächter des Teufels. Denn niemand anderem als ihm und den Seelen der Verdammten hatten sie die ganze Nacht zum Tanze aufgespielt.

Die Stimme im Brunnen

Wer zu spät kommt,
den bestraft manchmal der Tod.

PLEKTRUDIS WAR DIE FRAU DES HAUSMEIERS PIPIN von Heristal gewesen, der als Repräsentant des Königs eines der höchsten Ämter im Reich ausgeübt hatte. Als ihr Mann starb, erwartete man, dass sie nun in das von ihr in Köln gegründete Damenstift »Unsere Liebe Frau« auf dem römischen Kapitolshügel ziehen und den weltlichen Dingen den Rücken kehren würde. Doch sie dachte gar nicht daran. Stattdessen wollte sie dafür sorgen, dass ihr Enkel Theudoald das Amt seines Großvaters zugesprochen bekam, denn ihre beiden Söhne lebten nicht mehr. Dabei stand ihr allerdings ihr Stiefsohn Karl im Weg, den sie von Herzen hasste. Deshalb ließ sie ihn in einen Hinterhalt locken und heimlich in den Kerker des Königshofs werfen, der direkt an das Kloster stieß.

In dem Stift lebte Ida, eine Nichte der Plektrudis, die dort eine angemessene Erziehung für eine Dame aus vornehmem Hause erhalten sollte. Das hübsche und kluge Mädchen war Karl schon mehrfach begegnet, und eines Tages hatten sie sich gegenseitig ihre Liebe gestanden. Als sie nun Gerüchte hörte, dass ihr Liebster im Königshof gefangen gehalten werde, überlegte sie, wie sie ihm helfen könnte. Dazu hätte sie jedoch erst einmal wissen müssen, wo er sich genau befand. Obwohl der mächtige Bau direkt an das Kloster anschloss, konnte sie ja schlecht einfach hinüberspazieren und sich den Kerker anschauen.

Oft ging sie hinaus in den Klostergarten um nachzudenken. Dort befand sich eine kleine Quelle, die munter plätschernd den Hügel hinab bis zu einem weiten Becken rann, aus dem das Kloster mit Wasser versorgt wurde. Diesen Ort hatte sie zu ihrem Lieblingsplatz erkoren. Als sie nun eines Tages wieder am Brunnenrand saß und über eine Lösung für ihr Problem nachgrübelte, hörte sie leisen, klagenden Gesang. Verwundert hob sie den Kopf. Das klang ja wie … Genau! Das musste Karl sein! Er war also ganz in der Nähe.

Rasch stand sie auf und folgte der Stimme bis zu einem Gebüsch an der Mauer. Vorsichtig schob sie die Äste zur Seite. Tatsächlich, dahinter lag ein vergittertes Kerkerfenster. Sie beugte sich zu der Öffnung und rief hinunter: »Karl?«

Die Stimme verstummte und einen Augenblick war es mucksmäuschenstill. Da rief sie noch einmal: »Karl!«

»Ida?« Karl war aufgesprungen und zog sich nun am Fenstergitter hoch. Überrascht blickten die beiden sich an. Doch schon im nächsten Augenblick wich das Staunen auf beiden Seiten einer übergroßen Freude.

Als sich ihre Aufregung endlich ein wenig gelegt hatte, sagte Karl: »Ida, du musst mir helfen. Versuch, eine Feile aufzutreiben. Dann kann ich durch das Fenster entkommen. Aber du musst sie zwischendurch für mich verstecken. Wenn man sie in meiner Zelle findet, ist das mein Ende. Und die Gitterstäbe sind so dick, dass ich sie wohl schwerlich an einem einzigen Tag durch bekomme.«

Ida war zuversichtlich. »Ich glaube, ich weiß, wo ich ein solches Werkzeug finden kann. Es wird allerdings ein bisschen dauern. Auf jeden Fall will ich dich von jetzt an jeden Tag besuchen. Und wenn ich die Feile habe, bringe ich sie dir und nehme sie anschließend wieder mit. In meinem Zimmer wird sie niemand entdecken.«

Noch einmal zog sich Karl am Gitter hoch, um dem Mädchen in die Augen schauen zu können. »Ida, du bist ein Geschenk des Himmels. Ich liebe dich und ich schwöre dir: Sobald ich hier raus bin und die heimtückischen Ränke meiner Stiefmutter zunichte gemacht habe, werde ich dich heiraten.«

Liebevoll sah Ida ihn an, beugte sich herab und drückte ihm durch die Stäbe einen Kuss auf die Lippen. »Dass du mir diesen Schwur nur nicht vergisst, Karl. Es würde mir gewiss das Herz brechen, und ich müsste vor Kummer sterben.«

Von nun an ging sie jeden Tag in den Garten, um ihren Liebsten zu sehen. Den Nonnen fiel ihr Verhalten nicht weiter auf, denn sie war schon immer eigenbrötlerisch gewesen und hatte die Einsamkeit geschätzt.

Wenig später gelang es ihr, aus der Werkstatt eine Feile zu entwenden. Jeden Tag arbeiteten sie nun abwechselnd an den Stäben, Ida am oberen, für Karl nur schlecht erreichbaren Ende, Karl am unteren, während sie vom Leben im Kloster und ihrem Unterricht erzählte oder er von seinen Zukunftsplänen berichtete. Anschließend nahm Ida die Feile wieder mit und versteckte sie in einer Truhe in ihrem Zimmer.

Endlich war es so weit. Zwei Stäbe waren an ihren Enden so dünn, dass Karl sie mit einem heftigen Ruck herausreißen und sich durch das Loch ins Freie zwängen konnte. Hastig umarmte er die Geliebte und presste sie an sich. »Du hast mich gerettet, Ida. Ohne dich wäre ich hier nie herausgekommen. Das werde ich dir nie vergessen. Sobald ich kann, komme ich dich holen. Dann wirst du meine Frau.«

Ida schlang ihre Arme so fest um ihn, als wollte sie ihn gar nicht mehr fortlassen. »Ach, Karl, kannst du mich denn nicht jetzt schon mitnehmen? Ich habe solche Angst, dass ich dich nie mehr wieder sehe!«

Vorsichtig löste sich der junge Mann aus der Umarmung. »Das geht nicht, meine Liebste. Es wäre viel zu gefährlich. Nein, es ist schon besser, du wartest hier, in der Sicherheit des Klosters, auf mich. Ich habe dir doch geschworen, dass ich zurückkomme. Glaubst du mir etwa nicht?«

Traurig sah sie ihn an. »Schon, aber ... es ist so ein Gefühl. Wie eine Vorahnung. Dass etwas Schlimmes passiert.«

Sanft strich er ihr übers Haar. »Es passiert nichts. Bestimmt nicht. Solche Gefühle haben meistens gar nichts zu bedeuten.«

Einen kurzen Augenblick verharrten sie noch so beieinander. Dann war es Zeit, Lebewohl zu sagen, und Sekunden später war Karl mit einem Sprung über die Gartenmauer verschwunden.

Zornentbrannt eilte Plektrudis an diesem Abend ins Kloster und verlangte, die Äbtissin zu sprechen. »Jemand hat meinen Gefangenen befreit!« schrie sie. »Jemand aus diesem Haus! Das Kerkerfenster führt zum Garten. Es kann also nur jemand von hier gewesen sein. Ich verlange eine sofortige Untersuchung!«

Die Äbtissin erbleichte. Schließlich war Plektrudis die Gründerin des Stiftes. Mit einer solch wichtigen Persönlichkeit wollte sie es sich nicht verderben. Sollte wirklich eine der Frauen hier …? Ihr blieb keine Wahl. Sie ordnete also an, alle Zimmer zu durchsuchen.

Da Ida noch keine Gelegenheit gehabt hatte, die Feile zurückzulegen, fand man sie bei ihr. Damit stand die Schuldige fest, und sie wurde zu Plektrudis gebracht. Als diese sah, dass es ihre eigene Nichte war, die sie derart hintergangen hatte, verabreichte sie ihr eine schallende Ohrfeige. Schäumend vor Wut brüllte sie das zitternde und weinende Mädchen an: »Das sollst du mir bis ans Ende deiner Tage büßen! Du wirst dieses Kloster nie mehr verlassen! Nie mehr! Hörst du mich? Hast wohl gedacht, du könntest dich bei meinem missratenen Stiefsohn lieb Kind machen, damit du die Frau des zweitmächtigsten Mannes im Reich wirst? Da hast du dich aber gewaltig in den Finger geschnitten, meine Liebe. Noch habe ich hier das Sagen. Du wirst den Schleier nehmen und Nonne werden!«

Wochen vergingen, dann Monate und schließlich Jahre. Ida verfolgte begierig jede kleinste Nachricht über ihren Geliebten. Er hatte es geschafft, sein väterliches Erbe anzutreten, und war der neue Hausmeier geworden. Doch an allen Ecken und Enden des Reiches gab es Unruhen, so dass er immer wieder mit dem Heer des Königs in den Krieg ziehen musste. Alle rühmten seinen Mut und seine Tapferkeit, derentwegen man ihm sogar den Beinamen Martell, das heißt: »der Hammer«, verlieh.

Für Karl verging die Zeit wie im Fluge. Er dachte zwar oft an Ida, aber seine Pflichten ließen ihm einfach nicht die Zeit, nach Köln zurückzukehren.

Für Ida hingegen schien jeder Tag endlos lang. Sie verzehrte sich vor Sehnsucht und war bald nur noch ein Schatten ihrer selbst. Wann immer sie konnte, ging sie in den Garten und setzte sich an den Brunnen, wo sie Karls Lied gehört hatte. Dort klagte sie dem unbeirrt fröhlich glucksenden Quell ihr Leid und ließ ihren Tränen freien Lauf.

Eines Tages besuchte Plektrudis sie mit einem hämischen Lächeln auf den Lippen. »Nun, meine Liebe, falls du noch irgendwelche Hoffnungen hegst, deinen Karl jemals wieder zu sehen, kannst du sie nun getrost fahren lassen. Soeben erreichte mich die Nachricht, dass dein Schatz im Kampf gefallen ist. Da hat ihm wohl all seine Tapferkeit nichts mehr genützt.«

In Wirklichkeit hatte es sich bei dieser Nachricht nur um ein Gerücht gehandelt, dass sich bald als falsch erwies, doch Plektrudis wusste zu verhindern, dass Ida davon erfuhr. Diese grämte sich über den vermeintlichen Tod ihres Liebsten so sehr, dass sie zusehends schwächer und kränker wurde. Schließlich musste man sie weitgehend von ihren Klosterpflichten entbinden, und sie verbrachte ihre Tage trauernd im Garten am Brunnen. Dort fand man eines Tages ihren leblosen Körper. Ida war an gebrochenem Herzen gestorben.

Drei Jahre waren vergangen, seit Ida Karl aus dem Kerker befreit hatte, und der hatte seinen Schwur darüber nicht vergessen. Endlich waren seine Geschäfte so weit geregelt, dass er nach Köln reisen und seine Braut heimführen konnte. Doch wie erschrak er, als er im Kloster erfuhr, dass Ida vor wenigen Wochen aus Kummer um ihn gestorben war! Niedergeschlagen ließ er sich genau erzählen, was geschehen war. Dann ging er in den Garten hinaus und setzte sich an den Brunnen, wie Ida es so oft getan hatte. Betrübt horchte er auf das Plätschern und Murmeln der Quelle.

Plötzlich fuhr er zusammen. Träumte er etwa? Zwischen den leisen Geräuschen der Wellen war noch etwas anderes zu hören: eine Stimme.

Idas Stimme, die seinen Namen sagte, wieder und wieder, dazwischen etwas wie ein Seufzer, ein paar unverständliche Worte.

Lange hörte er ihr zu, ehe er sich endlich erhob und das Kloster verließ.

Noch am selben Tag zwang er seine Stiefmutter, aller weltlichen Macht zu entsagen und ihren Lebensabend im Stift »Unsere Liebe Frau« zu verbringen.

Auch später kam Karl Martell noch gelegentlich nach Köln. Bei jedem seiner Besuche aber ging er zuerst zu »Idas Brunnen«, wie man ihn jetzt nannte, um ein Weilchen der Stimme seiner toten Liebsten zu lauschen.

Die Geister auf dem Hügel

Damit der erste Dom entstehen konnte, mussten die ansässigen bösen Geister erst einmal ins Rechtsrheinische entsorgt werden.

ZU BEGINN DES NEUNTEN JAHRHUNDERTS fasste der Kölner Erzbischof den Entschluss, zu Ehren Gottes einen großen Dom zu bauen. Nach seinem Willen sollte er auf dem Hügel im Nordosten der Stadt entstehen, nicht weit vom Rheinufer entfernt.

Die Kölner allerdings waren nicht begeistert. Natürlich hätten sie gern einen schönen Dom gehabt, aber ausgerechnet an dieser Stelle?

Noch stand dort manches Mauerstück aus heidnischer Zeit, noch fand man bei fast jedem Spatenstich Steine mit rätselhaften Inschriften oder Bruchstücke von Statuen, die sicher die alten Götter zeigten. Auch munkelte man, dass es bei Nacht am Hügel nicht geheuer sei.

Einige kluge und wichtige Männer versuchten daher, den Erzbischof zu bewegen, einen anderen Standort für die neue Kirche zu suchen, doch er entgegnete ihnen: »Ihr Kleinmütigen! Längst hat doch unser Gott die Götter der Heiden besiegt und zerschmettert. Aber, selbst wenn auf dem Hügel noch die eine oder andere verlorene Seele ihr Unwesen treibt, so wird damit endgültig Schluss sein, sobald die Kirche erst einmal geweiht ist. Was habt ihr also zu fürchten?«

Gesenkten Hauptes gingen die Männer fort, denn darauf wussten sie keine rechte Antwort.

Schon bald machten sich aus dem ganzen Land erfahrene Baumeister, Steinmetze und Zimmerleute auf den Weg nach Köln. Im Frühjahr begann man mit dem Ausheben der Baugrube, doch die Arbeiten gingen nur langsam voran. Immer wieder fand man Überreste aus der Römerzeit, und da niemand zu sagen wusste, wozu diese Steine einmal gedient hatten, wurde jedes Mal ein Priester gerufen, der den Fundort mit Weihwasser besprengen und den Stein mit einem Bannspruch belegen musste. Erst dann ging die Arbeit weiter.

So kam es, dass die Grube auch im Herbst noch nicht fertig war. Es wurde deutlich kälter, doch den Leuten schauderten nicht nur wegen des Wetters, wenn sie an der Baustelle vorbeikamen. So mancher hatte dort angeblich bei Nacht Unheimliches erlebt. Einige erzählten von einer Rauchsäule, die um Mitternacht aus der Grube aufsteige. Andere wollten unerklärliche Lichter gesehen und jammernde Stimmen gehört haben.

Außerdem hatten sich einige seltsame Unfälle ereignet. Die Frau des Bürgermeisters etwa behauptete, sie hätte ganz genau gespürt, wie ihr jemand ein Bein gestellt habe an jenem Abend, als sie sich bei einem Sturz die Knochen brach.

Unter Tränen beteuerte ein Dienstmädchen, es habe deutlich nachts aus der Waschküche teuflisches Gelächter gehört, ehe es am nächsten Tag die Wäsche mit Jauche übergossen vorfand.

Ein Handwerker erklärte jedem, der es hören wollte, dass er nur deshalb von der Leiter gefallen sei, weil ihn jemand gestoßen habe. Das müsse wohl ein böser Dämon gewesen sein.

Es dauerte nicht lange, bis für die Kölner ebenso wie für die Arbeiter der Dombauhütte klar war, dass an all diesen Dingen nur die bösen Geister vom Hügel schuld sein konnten, die sich dafür rächten, dass man sie von ihrer jahrhundertealten Heimstatt vertreiben wollte.

Eine Gesandtschaft wurde zum Erzbischof geschickt, um ihm mitzuteilen, dass man bei so großer Gefahr für Leib und Leben nicht mehr bereit sei, die Arbeiten fortzusetzen. Es folgte eine lange Auseinandersetzung. Endlich machte der Erzbischof einen Vorschlag: »Brüder, lasst uns nicht streiten wegen eines Kirchenbaus. Ich verstehe eure Sorge, weiß allerdings nur einen Ausweg. Ich werde die nächsten vierzig Tage und Nächte mit Fasten und Gebet verbringen und um Gottes Beistand bitten. In der einundvierzigsten Nacht aber will ich den Hügel von allem Bösen befreien, welches dort noch hausen mag, auf dass es dem Teufel nicht gelinge, den Bau eines solch bedeutenden Gotteshauses zu verhindern.«

Mit Spannung wurde nun der Tag erwartet, an dem die Geisteraustreibung stattfinden sollte. Endlich war es soweit. Doch kaum hatte der Erzbischof den Fuß vor die Tür gesetzt, da durchzuckten Blitze den schwarzen Himmel, es donnerte ohrenbetäubend, in dicken Tropfen fiel Regen herab, und der vorher sanfte Wind wurde zu einem wilden Orkan, der jaulend über den Dächern der Stadt tobte. Unbeirrt ging der fromme Mann weiter, erreichte schließlich den Hügel und begann, ihn Gebete murmelnd zu umschreiten und mit Weihwasser zu besprengen. Wo dieses hinfiel, fing der Boden an zu dampfen, als sei er glühend heiß. Schrille Schreie gellten plötzlich durch das Tosen des Sturms, und finstere Schemen wühlten sich aus der Erde.

Als der Erzbischof den Hügel zum zweiten Mal umrundete, drängten sich die düsteren Schatten dicht zusammen und hoben drohend die Fäuste. Dunkle Stimmen grollten zu ihm herab: »Scher dich weg, elender Pfaffe! Dieser Ort ist unser! Er ist unser und wird unser noch sein, wenn deine Gebeine längst verrottet sind. Wage es nicht, deine Beschwörungen zu vollenden, sonst zerreißen wir dich und zerstreuen, was von dir übrig bleibt, in alle vier Winde!«

Bei diesen Worten verlor der arme Mann beinahe den Mut, doch fasste er sich schnell wieder und dachte bei sich: »Ich weiß, dass Gott stärker ist als diese Dämonen. Er wird seine Hand schützend über mich halten.« Also umschritt er, trotz der grausigen Drohungen, den Hügel noch ein drittes Mal.

Kaum hatte er auch diese letzte Umrundung vollendet, da ließ sich ein lautes Jammern und Wehklagen vom Hügel vernehmen. Der Sturm, der über der Stadt getobt hatte, stürzte sich auf die Baugrube. In seinem Sog wurden Bretter, Erdklumpen, Geister und Dämonen emporgewirbelt und wie eine dunkle Wolke Richtung Rhein und über ihn hinweggetragen, ins Rechtsrheinische. Der Regen und das Gewitter hörten mit einem Schlag auf. An einem klaren Himmel funkelten Hunderte von Sternen.

Mit zittrigen Beinen sank der Erzbischof auf die Knie und dankte Gott, dass er noch lebte.

Von jenem Tag an gingen die Bauarbeiten zügig weiter, und der »Alte Dom«, wie man ihn später nannte, wurde zu einer der schönsten Kirchen seiner Zeit.

Manche Kölner allerdings haben auch heute noch eine unerklärliche Abneigung dagegen, den Rhein zu überqueren und dem Rechtsrheinischen einen Besuch abzustatten.

Gott ist mein Zeuge!

Wer das nicht einsieht, sieht unter Umständen bald gar nichts mehr.

ZUR ZEIT DES ERZBISCHOFS ANNO, gegen Ende des elften Jahrhunderts, lebte in Köln die Kaufmannswitwe Alberga. Seit dem Tod ihres Mannes einige Jahre zuvor war sie ganz auf sich allein gestellt, denn ihre Kinder waren alle fortgezogen und kamen nur noch selten zu Besuch. Da diese sie jedoch finanziell unterstützten und sie zudem noch über ein kleines eigenes Vermögen verfügte, brauchte sie keine Not zu leiden und war mit ihrem Schicksal zufrieden.

Als das erste Laub von den Bäumen fiel, war es für Alberga wieder einmal an der Zeit, sich Gedanken über die Vorräte für den Winter zu machen. Sie stellte also eine lange Liste der Dinge zusammen, die sie benötigen würde, und begab sich damit zum Kaufmann Richmut. Der hatte das Geschäft im letzten Jahr von seinem Vater übernommen, mit dessen Leistungen Alberga immer zufrieden gewesen war. So sah sie, obwohl ihr Richmut nicht besonders sympathisch war, keinen Grund, nun den Händler zu wechseln.

Freundlich begrüßte sie den jungen Mann und überreichte ihm ihre Liste. Der ließ den Blick darüber gleiten und sagte mürrisch: »Das habe ich aber nicht alles auf Vorrat. Einiges bekomme ich in den nächsten Wochen, andere Sachen muss ich dann wohl für Euch bestellen, Frau Alberga. Das kann aber noch dauern.«

Sie zuckte mit den Schultern. »Ich hatte eigentlich auch nicht damit gerechnet, dass ich die Sachen gleich mitnehmen kann, Richmut. Eurem Vater habe ich immer die Bestellung gegeben, und er hat mir dann, wenn alles da war, das Ganze ins Haus geliefert.«

Sie kamen überein, es auch weiterhin so zu handhaben. Wie damals üblich, wurde der Handel mit einem Handschlag besiegelt und die Ware im Voraus bezahlt.

Als die Witwe den Laden verlassen hatte, grinste Richmut heimtückisch. Blöde Alte, die hatte er noch nie leiden können! Die sollte lange auf ihren Krempel warten. Niemand hatte sie kommen oder gehen sehen. Also würde er sich das Geld fein selbst einstecken und sich, wenn sie nachfragen kam, dumm stellen. Das wusste doch jeder, dass Leute in dem Alter oft ein bisschen komisch im Kopf wurden und dann meinten, dass sie etwas, was sie nur vorgehabt hatten, tatsächlich getan hätten.

Es verstrich Woche um Woche, ohne dass Alberga von dem Händler hörte. Allmählich wurde sie unruhig. Ob er ihre Bestellung vergessen hatte? So junge Leute waren ja manchmal noch ein bisschen unerfahren. Da konnte das schon mal passieren. Wahrscheinlich wäre es am besten, noch einmal vorbeizugehen und sich zu erkundigen.

Zögernd betrat sie den Laden. Richmut kam ihr freudestrahlend entgegen: »Oh, Frau Alberga, seid gegrüßt! Was verschafft mir die Ehre Eures Besuchs?«

»Nun«, sagte sie, »ich wollte einmal nachhören, wie lange es denn mit meiner Bestellung noch dauert. Hätten die Waren nicht schon seit einiger Zeit hier sein sollen?«

Erstaunt zog Richmut die Augenbrauen hoch. »Eure Waren? Aber … ich verstehe nicht … ich habe keinen Auftrag von Euch erhalten. Wart Ihr vielleicht bei jemand anderem und habt das … ähm … irgendwie … wie soll ich sagen … durcheinander gebracht?«

»Durcheinander gebracht?« Wütend starrte die alte Dame ihn an. »Wollt Ihr mir etwa unterstellen, junger Mann, dass ich meine fünf Sinne nicht mehr beieinander habe? Ich weiß es ganz genau, dass ich bei

Euch gewesen bin. Ihr habt mir gesagt, dass einige Sachen nicht so schnell hier sein würden, und wir haben uns geeinigt, es so zu handhaben wie früher mit Eurem Vater: dass Ihr mir die Waren liefert, wenn alles angekommen ist. Daraufhin habe ich Euch das Geld gegeben und Ihr mir Eure Hand auf den Handel.«

»Aber, Frau Alberga, das kann nicht sein. Das müsste ich doch wissen. Und das Geld ... wenn ich Geld von Euch bekommen hätte, dann würde es doch im Kassenbuch stehen, und mir wäre aufgefallen, dass es noch einen unerledigten Auftrag gibt. Meint Ihr nicht, dass Ihr Euch vielleicht doch irrt? Manchmal denkt man, man hätte etwas gemacht, dabei hatte man nur vor, das zu tun. Besonders in Eurem Alter.«

Alberga war bei diesen Worten vor Ärger das Blut zu Kopfe gestiegen. »Wollt Ihr etwa behaupten, ich sei zu durcheinander im Kopf, um noch zu wissen, was ich getan oder nicht getan habe? Ich bin zwar alt, aber noch lange nicht schwachsinnig. Ich bin hier gewesen und habe Euch das Geld gegeben. Gott ist mein Zeuge! Und jetzt verlange ich, dass ich entweder meine Waren bekomme oder das Geld zurückerhalte!«

Richmut stemmte die Hände in die Hüften und sagte mit frostiger Stimme: »Frau Alberga, Ihr seid in diesem Hause immer eine gern gesehene Kundin gewesen. Aber das hier geht zu weit! Solange Ihr keine anderen Zeugen als Gott ins Feld führen könnt, bekommt Ihr von mir gar nichts. Da könnte ja jeder einfach ankommen und behaupten, er hätte mir Geld gegeben und wolle es zurückhaben. Wie könnt Ihr es wagen, mir Unehrlichkeit vorzuwerfen? Verlasst auf der Stelle meinen Laden!«

Da rief Alberga zitternd vor Zorn: »Zeugen habe ich in der Tat keine außer Gott. Möge also der es dir vergelten, was du mir angetan hast!« Damit wandte sie sich ab und verließ hoch erhobenen Hauptes das Geschäft.

Die Sache ließ ihr keine Ruhe. Mit seinem Betrug hatte Richmut nicht nur ihr Schaden zugefügt, sondern die Ehre aller Kaufleute besudelt. Es musste doch eine Möglichkeit geben, ihm das Handwerk zu legen, ehe er noch mehr Schaden anrichten konnte. Nach reiflichem

Überlegen beschloss sie, ihr Recht bei der städtischen Gerichtsbarkeit einzufordern. Sie machte sich daher auf und trug ihre Klage den zwölf Schöffen vor.

Was sie jedoch nicht wissen konnte, war, dass sich nicht zum ersten Mal jemand über den jungen Kaufmann bei ihnen beklagte, und dass es diesem bisher noch jedes Mal gelungen war, durch großzügige Bestechung der Schöffen einer Verurteilung zu entgehen. Auch diesmal machten sie gemeinsame Sache mit ihm und erklärten Alberga, sie könnten ihr in der Tat kein Recht geben, solange sie keine Zeugen für den Handel habe. Und wieder antwortete sie: »Zeugen habe ich keine außer Gott. Möge der Euch vergelten, was Ihr mir angetan habt!«

Die höchste Macht in der Stadt hatte damals der Erzbischof, denn er war zu dieser Zeit nicht nur für die kirchlichen Angelegenheiten, sondern auch für die weltlichen zuständig. In ihrem Zorn wusste sich die Witwe nun keinen anderen Rat mehr, als sich direkt an Anno zu wenden. Dieser hielt sich damals gerade in der Abtei Siegburg auf, so dass sie sogar noch eine für ihr Alter recht beschwerliche Reise auf sich nehmen musste. Endlich angekommen wurde sie sogleich vorgelassen. Ausführlich erzählte sie nun dem Erzbischof, wie übel man ihr in Köln mitgespielt hatte.

Anno war bekannt für sein aufbrausendes Gemüt. Kaum hatte Alberga zu Ende gesprochen, brüllte er los, dass es in den Räumen der Abtei widerhallte: »Solch schändliches Verhalten werde ich in meinem Heiligen Köln nicht dulden! Niemals! Niemand soll die Ehre der Stadt beflecken und sich ungestraft an den scheinbar Schutzlosen vergreifen, solange ich es verhindern kann! Ich werde veranlassen, dass die Übeltäter auf der Stelle verhaftet werden, und gnade ihnen Gott, wenn sich Eure Vorwürfe als berechtigt herausstellen sollten!« Dann rief er einige seiner Männer zu sich und befahl ihnen, die Schöffen und den Kaufmann so schnell wie möglich zu ihm zu bringen.

Bleich und erschöpft standen die dreizehn schließlich vor ihm. Die Furcht war ihnen ins Gesicht geschrieben, denn Anno war nicht nur für seinen Jähzorn berüchtigt, sondern auch dafür, dass seine Strafen hart, oft sogar ausgesprochen grausam waren. Der Erzbischof nahm sie sofort aufs Schärfste ins Verhör. Anfangs versuchten sie noch zu leugnen. Insbesondere Richmut beharrte immer wieder darauf, dass Albergas Vorwurf völlig aus der Luft gegriffen sei. Doch einer der Schöffen, der früher bei Anno im Dienst gestanden hatte und wusste, was für ein strenger Herr dieser sein konnte, bekam es mit der Angst zu tun. Zitternd und bebend rückte er schließlich, um wenigstens das Schlimmste zu verhindern, mit der Wahrheit heraus.

Annos Gesicht war wie versteinert, als er sein Urteil sprach. Allen dreizehn sollten zur Strafe für ihren Frevel mit glühenden Eisenstangen die Augen ausgestochen werden. Nur der eine, der die Wahrheit gestanden hatte, durfte ein Auge behalten, um die anderen nach Köln zurückführen zu können. Außerdem gab der Erzbischof den Befehl, über den Hauseingängen der dreizehn Übeltäter grausige Steinfratzen anzubringen, die wie tot oder ausgestochen wirkende Augen und schreiend aufgerissene Mäuler hatten, um alle Kölner daran zu erinnern, dass sie nicht vom rechten Weg abkommen sollten, da ihnen sonst Ähnliches geschehen könnte.

Niemand wagte es jemals, die furchterregenden Mahnmale zu entfernen, so dass einige wenige dieser so genannten »Grinköpfe« selbst heute noch in der Altstadt zu finden sind.

Bis zum dritten Hahnenschrei

Frauen sind schlauer, denn notfalls gelingt es ihnen sogar, den Teufel zu überlisten.

UM DIE MITTE DES DREIZEHNTEN JAHRHUNDERTS führten die Kölner Großes im Schilde. Für die wichtigsten Reliquien der Stadt, die Gebeine der Heiligen Drei Könige, wollte man eine Kathedrale bauen, wie sie die Welt noch nicht gesehen hatte. Schöner, größer, prächtiger und heller sollte sie werden als je ein Bau zuvor. Daher sandte man Boten aus, um die besten Baumeister des Landes zusammenzuholen und ihre Vorschläge zu hören.

Unter jenen, die sich damals aufmachten und dem Ruf nach Köln folgten, befand sich auch Meister Gerhard. Obwohl er noch jung war, hatte er sich bereits einen Namen gemacht als Architekt manch eines kühnen und waghalsigen Gebäudes. Das war ihm wohl zu Kopfe gestiegen, denn er galt als ausgesprochen eitel, eingebildet und hochnäsig.

Einer nach dem anderen wurden die Meister vor den Erzbischof Konrad von Hochstaden und das Domkapitel gerufen, um ihre Vorschläge zu unterbreiten, doch keiner fand ihre uneingeschränkte Zustimmung. Schließlich kam die Reihe an Gerhard. Der hatte sich schon lange jedes Wort seiner Rede zurechtgelegt und begann nun, in den schillerndsten Farben eine Kirche zu beschreiben, von außen so schwer

und massig, dass sie wie ein von Menschenhand geschaffenes Gebirge wirkte, von innen aber leicht und luftig, die dicken Wände mit Hunderten von Fenstern durchbrochen, durch die das strahlende Licht der Sonne einfiel und Boden und Wände bunt bemalte, so dass man den Eindruck haben musste, geradewegs ins Paradies gelangt zu sein.

Nach seinem Vortrag blieb es einige Minuten totenstill im Raum. Schließlich räusperte sich der Erzbischof und sagte: »Junger Mann, Euch ist gelungen, was keiner Eurer Konkurrenten bislang fertig gebracht hat. Genau so, wie Ihr sie beschrieben habt, habe ich unsere Kathedrale in meinen Träumen vor mir gesehen. Ich denke, unsere Suche hat ein Ende: Wir haben unseren Baumeister gefunden.«

Gerhard strahlte und bedankte sich fast überschwänglich für die Erteilung des Auftrags.

An diesem Abend saß er noch lange mit einigen Kollegen zusammen in einem Wirtshaus, um seinen Erfolg zu feiern. Da er bei den anderen jedoch nicht sehr beliebt war, wollte keine rechte Stimmung aufkommen. Stattdessen wurden die Meister immer gereizter, je später es wurde, und zuletzt kam es sogar zum offenen Streit. Einer von ihnen behauptete, dass eine Kathedrale wie die von Gerhard geplante viel zu vermessen sei, genau wie der Turmbau zu Babel, und Gott seinen Hochmut strafen werde, indem sie, wie jener, niemals vollendet würde. Da sprang Gerhard wütend auf und schrie: »Ihr seid doch alle nur üble Neider! Ich aber sage euch: Wenn nötig, würde ich diese Kirche sogar ganz alleine vollenden!« Dann stürmte er mit hochrotem Kopf aus der Tür.

Es dauerte einige Tage, doch schließlich gelangte die Geschichte auch Konrad von Hochstaden zu Ohren, der fand, dass der Meister damit ein sehr schlechtes Vorbild gab für jemanden, der sich einem solch frommen Werk widmen sollte, und dass es an der Zeit sei, ihm einmal seine Grenzen zu zeigen und ihn ein wenig Demut zu lehren. Er bestellte Gerhard zu sich und begrüßte ihn mit einem Stirnrunzeln. »Werter Meister, man erzählt sich, Ihr hättet Euch damit gebrüstet, den Dom notfalls auch ganz alleine fertig stellen zu können. Ist das richtig?«

Erschrocken stammelte Gerhard: »J...ja, ge...gewiss, Hochwürdigste Exzellenz. Aber ...«

»Nun«, fiel ihm der Erzbischof ins Wort, »Ihr wisst, dass ein solcher Bau höchst kostspielig ist. Und obgleich die Menschen in dieser Stadt, ebenso wie die Pilger, äußerst freigebig sind, wird es nicht leicht sein, die nötigen Finanzen zu stellen. Daher möchte ich Euer großzügiges Angebot fürs Erste annehmen. Lasst Euch also von mir nicht weiter aufhalten und begebt Euch nur gleich an die Arbeit.«

Mit einem Wink seiner Hand entließ er den völlig fassungslosen Gerhard, der kreidebleich aus dem Bischofspalast stolperte.

Selbst jemand wie der Erzbischof musste doch wissen, dass es völlig unmöglich war, ein solches Werk ohne Hilfe zu vollenden! Wie hatte es nur dazu kommen können? Hätte er doch nur in jener Nacht einmal an der richtigen Stelle den Mund gehalten. Aber nein, er musste sich ja wieder aufspielen und zeigen, dass er besser war als alle anderen! Was sollte er nun tun? Nicht einmal die Pläne waren bisher fertig gezeichnet.

Lächelnd schaute ihm Konrad von Hochstaden aus dem Fenster seines Palastes nach und war sich gewiss, dass schon bald ein sehr viel kleinlauterer Baumeister vor ihm stehen und ihn inständig darum bitten würde, seine hochtrabenden Worte zu vergessen und ihm die notwendigen Handwerker zu bewilligen.

Doch Gerhard kam in seiner übergroßen Angst gar nicht darauf, dass es dem Erzbischof nicht wirklich ernst gewesen sein könnte. Niedergeschlagen kehrte er in das große Haus zurück, das er kurz nach der Auftragserteilung für sich und seine Frau Irmengard gekauft hatte. Den schwarzen Hund, der ihn schwanzwedelnd an der Haustür begrüßte, nahm er kaum wahr und auch seiner Frau hörte er nicht recht zu, als sie ihm freudestrahlend berichtete, welche Fortschritte sie mit der Einrichtung ihres neuen Heimes machte.

Schon bald schloss er sich in seinem Arbeitszimmer ein und versuchte verzweifelt, wenigstens mit seinem Bauplan weiterzukommen. Doch was er auch tat und wie er es auch versuchte – immer wieder schlichen sich Fehler in seine Berechnungen ein, immer wieder stimmte etwas nicht, und es schien ihm geradezu, als hätten sich alle Dämonen der Hölle gegen ihn verschworen.

Wütend warf er das Tintenfass an die Wand, sprang auf und lief wie ein gefangenes Tier im Zimmer auf und ab. Er musste es einfach schaffen! Er musste! Sonst würde er zum Gespött des ganzen Landes. Alle würden sie mit dem Finger auf ihn zeigen: »Seht her, das ist der, der glaubte, er könnte den Kölner Dom allein bauen! Nicht einmal einen Plan hat er zustande gebracht!« Niemand würde ihm nach dieser Geschichte noch Arbeit geben wollen.

Auch die nächsten Tage brachten keine Lösung seiner Probleme. Immer häufiger sah man Gerhard nun tief in Gedanken versunken ziellos durch die Stadt streifen, und manchmal trieb es ihn sogar bis in die Wälder vor den Toren der Stadt.

Wieder einmal wanderte er so auf einem ausgetretenen Pfad unter den Bäumen. Die Sonne schien und die Vögel sangen, als wollte die ganze Natur ihn verspotten. Endlich gelangte er auf eine Lichtung, wo er sich auf einem umgestürzten Baumstamm niederließ. Wie er es auch drehte und wendete – es ging einfach nicht! Dabei hatte er die Kirche in seiner Fantasie schon tausendmal vollendet vor Augen gesehen und war sich sicher gewesen, dass es machbar sei. Aber diese vielen Fenster – sie konnten kein Gewicht tragen. Also musste er es auf Pfeiler und Strebebögen verteilen. Genau da lag sein Problem. Es wollte ihm nicht gelingen, genügend Gewicht von den Wänden abzuleiten.

Plötzlich fiel ein Schatten über ihn. Überrascht hob er den Kopf, denn er hatte niemanden kommen hören. Vor ihm stand ein Mann, ganz in Schwarz gekleidet, den Hut in die Stirn gezogen. In der Hand hatte er einen schwarzen Stock mit silbernem Knauf. »Nun, Meister, war es das hier, was Ihr im Sinn hattet?«, fragte er mit durchdringender Stimme. In rasender Schnelle zeichnete er mit der Spitze seines Stocks einen Bauplan in den Sand zu Gerhards Füßen.

Dessen Augen wurden größer und größer. Hastig langte er nach Griffel und Wachstäfelchen an seinem Gürtelband. »Ja! Das ist es! Da lag mein Fehler. Und hier. Hier auch. Genial! Woher wusstet Ihr …?«

Doch als er die wichtigen Details abzeichnen wollte, verwischte der Fremde die Zeichnung rasch mit der Schuhspitze. »Nein, nein, mein Lieber. So einfach geht das nicht. Der Plan ist, wie ich gehört habe, nicht Eure einzige Sorge. Oder wisst Ihr schon eine Lösung dafür, wie Ihr ganz alleine das Gebäude vollenden könnt?«

Entmutigt ließ Gerhard die Hände sinken und blickte zu Boden. »Nein.«

»Nun, dann könnt Ihr doch sicher alle Hilfe brauchen. Was wäret Ihr denn bereit, dafür zu geben, wenn Ihr diese Hilfe bekämt?«

»Alles«, sagte Gerhard niedergeschlagen. »Ich würde alles dafür geben, denn wenn ich versage, bin ich nichts mehr und kann für den Rest meiner Tage dankbar sein, wenn mir hin und wieder jemand ein Almosen in die Hand drückt.«

»Soso. Alles. Das ist ein stolzer Preis. Aber es ist ja auch eine fast unmögliche Aufgabe. Doch seid beruhigt, Meister, alles will ich gar nicht. Nur zwei Dinge, die Ihr mir sicher mit Freuden geben werdet. Denn dafür verspreche ich Euch, dass Euer Dom binnen drei Tagen fertig gestellt sein wird. Ist am Morgen des dritten Tages, wenn der Hahn zum dritten Mal kräht, nicht der letzte Stein an Ort und Stelle, dann ist unser Vertrag hinfällig. Was haltet Ihr von diesem Angebot?«

»Aber das … das … das ist doch unmöglich!«, stammelte Gerhard.

»Hmmm, dann scheint Euer Glaube wohl nicht sehr groß zu sein. Heißt es denn nicht, dass für Gott nichts unmöglich sei?«

»Aber – Ihr seid doch nicht Gott!«

»Ach, bin ich das nicht?« Der Mann lächelte grimmig unter seinem Hut hervor. »Dass Ihr das erkannt habt! In der Tat bin ich nicht der Herrscher des Himmels. Doch auch mir sind besondere Fähigkeiten verliehen, die diejenigen der Sterblichen bei weitem übersteigen. Seid versichert: Was ich verspreche, kann ich auch halten.«

»Dann seid Ihr … der Teufel?«

Verärgert zog der Fremde die Mundwinkel herunter. »So nennt man mich wohl heute. Gestattet daher, dass ich mich vorstelle: Luzifer ist mein Name. Der Fürst der Unterwelt bin ich.«

Gerhard trat der Angstschweiß auf die Stirn. Worauf ließ er sich hier ein? Wenn er nur eine andere Lösung wüsste.

Schließlich fragte er: »Was verlangt Ihr als Lohn für Euren Dienst, Fürst?«

»Nun, ich sagte ja bereits, dass ich nur zwei Dinge will. Das eine ist Eure Seele, nach Ablauf Eurer Lebenszeit, versteht sich. Ihr könnt also Eure Zeit auf Erden genießen, und es will mir scheinen, dass Ihr den Moment, da Ihr an meine Pforte klopft, nicht fürchten müsst, denn es sieht ganz danach aus, dass Ihr mit ein wenig Anleitung das Zeug dazu hättet, auch in meinem Reich einen angesehenen Posten zu bekleiden.«

Dass es dem Teufel um seine Seele ging, hatte er sich schon fast gedacht. »Und was ist das zweite?«

»Oh, nur eine Kleinigkeit. Die Seele des Lebewesens, das Euch als Erstes begrüßen wird, wenn Ihr heute heimkehrt.«

Angestrengt dachte Gerhard einen Augenblick nach. Wer lief ihm immer als Erstes entgegen, wenn er nach Hause kam? Irmengard? Nein. Wolf war es, sein schwarzer Hund, der auf ihn zu rannte und schwanzwedelnd an ihm emporsprang, sobald er die Haustür öffnete. Zwar besaß er das Tier schon viele Jahre und es war ihm treu ergeben, doch schien ihm seine Seele nur ein kleiner Aufpreis angesichts der Tatsache, dass er dabei war, seine eigene dem Teufel zu verschreiben.

»Gut, so sei es denn«, sagte er mit einem Seufzer. Daraufhin ritzte ihm Luzifer mit einem scharfen Messer die Fingerkuppe und reichte ihm eine Feder, die Gerhard gehorsam in das hervorquellende Blut tunkte. Damit unterschrieb er den Vertrag, den ihm der Fürst der Finsternis vorlegte. Kaum hatte er ihn unterzeichnet, gab es ein Geräusch wie fernes

Donnergrollen, und nur ein leichter Schwefelgeruch erinnerte noch an den unheimlichen Besucher.

Als der Baumeister einige Zeit später durch die Haustür trat, kam Irmengard aufgeregt auf ihn zu und meinte: »Du, Gerhard, mit dem Wolf ist etwas. Der liegt schon seit bestimmt zwei Stunden in deinem Arbeitszimmer und rührt sich kaum noch. Ich glaube, der ist krank. Er wird doch hoffentlich nichts Giftiges gefressen haben?«

Entsetzt sah er sie an. Oh Gott, was hatte er getan?! Er war so erschrocken, dass er am ganzen Leib zu zittern begann.

Das bemerkte auch seine Frau, die erstaunt meinte: »Ach, Liebster, ich wusste ja nicht, dass du so sehr an ihm hängst, sonst hätte ich dich damit nicht derart unvorbereitet überfallen. Komm, lass uns schauen, ob wir etwas für ihn tun können. Vielleicht ist es ja gar nicht so schlimm.« Zärtlich nahm sie ihn am Arm und führte ihn dorthin, wo der Hund lag. Als der die Schritte seines Herrn hörte, hob er müde den Kopf und blickte ihn aus trüben Augen an. Zweimal klopfte sein Schwanz in einem angedeuteten Wedeln auf den Boden, dann ließ er das Haupt mit einem Winseln sinken. Traurig kniete Gerhard neben ihm nieder und streichelte das treue Tier. Wie hatte er nur glauben können, dass es bei einem Vertrag mit dem Teufel ehrlich zuging.

In jener Nacht tobte ein fürchterlicher Sturm über der Stadt. Am schlimmsten war es um den Domhügel herum, wo ein Getöse erklang, als würden Hunderte von Gesteinsbrocken durch die Luft gewirbelt.

Am nächsten Morgen rieben sich die Kölner erstaunt die Augen. Wie war denn so etwas möglich? Der ganze Chor des Domes, etwa ein Drittel der mächtigen Kirche, stand vollendet da. Fieberhaft suchte man nach einer Erklärung. Während die einen felsenfest davon überzeugt waren, dass dies nur ein Zeichen göttlicher Gnade und himmlischer Unterstützung sein könne, munkelten die anderen etwas von Dämonen und Teufelswerk.

Auch der Erzbischof blickte mit Sorge auf das Gebäude. Er hatte den jungen Mann doch hoffentlich nicht zu einer Dummheit verleitet?

In der darauf folgenden Nacht stürmte und polterte es abermals, und am nächsten Morgen war das Langhaus vollendet.

Den ganzen Tag irrte Gerhard wie ein Gespenst durch das Haus, den Hund, der sich überraschend schnell erholt hatte, an seiner Seite. Irgendwann konnte Irmengard es nicht mehr mit ansehen und stellte ihn zur Rede: »Was hast du denn nur? Irgendetwas ist los mit dir. Und komm mir jetzt bloß nicht wieder damit, dass es besser sei, dass ich nichts davon weiß. Das ist dummes Zeug. Egal, was du angestellt hast, gemeinsam werden wir schon eine Lösung finden.«

Er wusste nicht mehr weiter. Spätestens beim dritten Hahnenschrei des nächsten Tages würde sie es ja sowieso erfahren. Also gestand er ihr unter Tränen, was er getan hatte. Er hatte eigentlich erwartet, dass sie nun ebenfalls jammern und in Tränen ausbrechen würde, doch da kannte er seine Frau schlecht. Mit einem Gesicht wie eine Gewitterwolke starrte sie ihn wütend an. »Du hast was?! Du Dummkopf! Du Narr! Du großes Rindvieh! Ja, hast du denn noch immer nicht gemerkt, wie sehr du den Menschen mit deiner ewigen Aufschneiderei auf die Nerven gehst? Glaubst du denn wirklich, ein kluger Mann wie der Erzbischof wüsste nicht, dass man solch eine Kathedrale niemals alleine bauen kann? Wenn du mich fragst: Einen Denkzettel wollte er dir verpassen! Wahrscheinlich wartet er schon seit Tagen darauf, dass du reumütig angekrochen kommst und dich bei ihm für deine sinnlose Prahlerei entschuldigst, wie es jeder vernünftige Mann getan hätte. Aber du gehst in den Wald und jammerst vor dich hin, weil du Angst hast, das Gesicht zu verlieren. Nein, nur das nicht! Lieber verkaufst du deine Seele dem Teufel! Und wenn du schon mal dabei bist, kommt es auf ein, zwei weitere als Dreingabe auch nicht mehr drauf an. Und ich kann jetzt sehen, wie ich das wieder hinbiegen kann. Denn ich für mein Teil habe keine Lust, ohne eigene Schuld auf ewig in der Hölle zu schmoren!«

Erstaunt sah Gerhard ihr nach, als sie mit einem letzten, wütend in den Raum geworfenen »Hornochse!« davonstürmte.

Nachdem Irmengard sich nach einer Weile wieder einigermaßen gefasst hatte, kam ihr eine rettende Idee.

In dieser Nacht tat sie kein Auge zu, sondern lauschte auf das Stürmen und Tosen über der Stadt. Am frühen Morgen, noch ehe es hell wurde, ging sie hinaus auf den Hof, wo sie einige Hühner zusammen mit einem Hahn hielt. Sie stellte sich vor sie hin, klatschte in die Hände und krähte aus vollem Halse. Der Hahn aber, von dem Lärm geweckt, glaubte, er hätte den Sonnenaufgang verschlafen und krähte ebenfalls lautstark, als wollte er mit seinem Geschrei die Verspätung wettmachen. Nur einen winzigen Augenblick später antwortete ihm der Hahn des Nachbarn, und so ging es in Windeseile durch die ganze Stadt, von Hühnerhof zu Hühnerhof. Der Sturm hörte mit einem Schlag auf, und vom Domhügel erscholl ein grässliches Heulen, Jaulen und Fluchen, wie aus tausend Dämonenkehlen, das jedoch ebenso schnell, wie es begonnen hatte, wieder aufhörte. Im ersten Morgengrauen konnte man den fast vollendeten Kirchenbau erblicken, umgeben von Tausenden zerschmetterter Steine, welche die Teufel in ihrer Wut von sich geworfen hatten.

Später am Tag sprach ein ziemlich kleinlauter Meister Gerhard beim Erzbischof vor, beichtete ihm, was geschehen war und bat um Verzeihung für seine dumme Prahlerei. Nachdenklich sah ihn Konrad an. »Da haben wir aber beide ordentlich Glück gehabt, denn ich hätte es mir nie verziehen, wenn meine Worte Euch zur leichten Beute des Teufels gemacht hätten. Natürlich bekommt Ihr alle Handwerker, die Ihr braucht. Und richtet Eurer Frau einen Gruß von mir aus. Sie scheint ja ein teuflisch kluges Weib zu sein, wenn es ihr sogar gelungen ist, Luzifer persönlich zu überlisten.«

Erleichtert lächelte Gerhard. »Oh ja, das ist sie wirklich, Hochwürdigste Exzellenz.«

Seit dieser Zeit wurde am Dom mit Menschenkraft weitergebaut. Meister Gerhard allerdings erlebte die Vollendung seines Traums ebenso wenig wie der Erzbischof, denn der Teufel vergaß seine Niederlage nicht so leicht und versuchte fortan, die Arbeiten zu behindern, wo es nur ging. Fast schien es, dass, wenn an einer Stelle drei neue Steine gesetzt waren, an einer anderen zwei alte zerfielen. Und so ist es bis zum heutigen Tage geblieben.

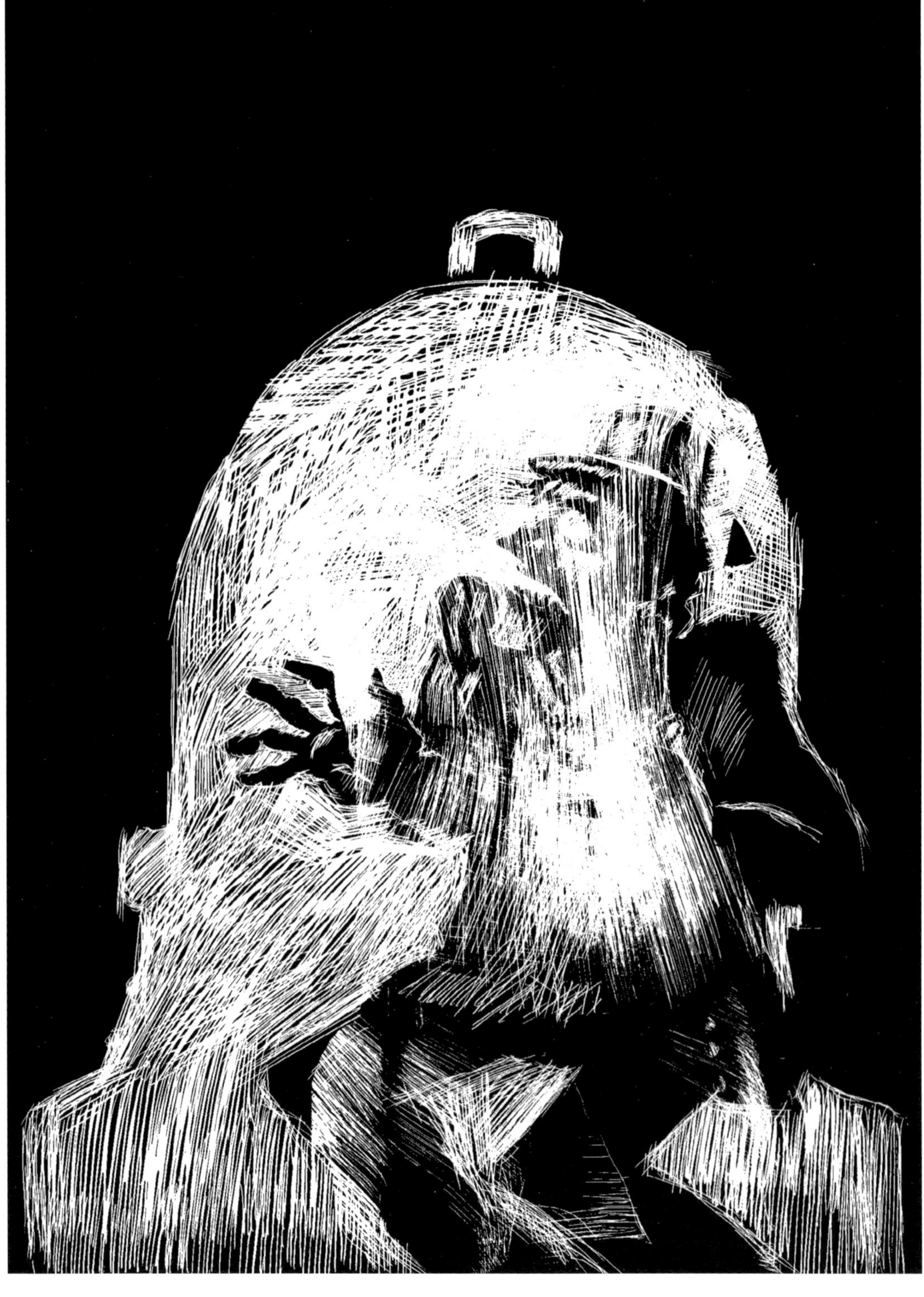

Die Teufelsglocke

Mit Teufels Hilfe wurde die Glocke zwar fertig, doch sie hatte einen höllischen Klang.

ALS DER DOMBAU SO WEIT GEDIEHEN WAR, dass die Kirche ihre erste Glocke erhalten konnte, hielt der Dombaumeister Ausschau nach einem geeigneten Mann für diesen ehrenvollen Auftrag. Seine Wahl fiel auf Meister Wolf, der ihm allgemein als der beste Glockengießer des Landes genannt worden war. Dieser war natürlich hocherfreut über den Auftrag und begab sich sogleich an die Arbeit.

Das Gießen einer Glocke ist keine einfache Angelegenheit, denn sie besteht nicht nur aus Eisen, wie manche Leute meinen. Größe und Dicke müssen genauestens berechnet, Kupfer, Zinn, Blei und Zink im richtigen Verhältnis gemischt werden, damit sie den gewünschten Klang erzeugt. Sogar die Tonform herzustellen, ist schon eine Kunst. Mehrere Monate vergehen bis zum eigentlichen Guss, und auch dann kann der Meister noch nicht sicher sein, dass sein Werk gelungen ist. Das erweist sich erst, wenn die Form vom erkalteten Metall geschlagen ist und man mit Gewissheit sagen kann, dass die Glocke auch nicht den feinsten Riss aufweist.

Meister Wolf aber hatte keinen Zweifel, dass es ihm auch für den Dom gelingen würde, ein tönendes Kunstwerk zu schaffen.

Endlich war der große Tag angebrochen: Die Form war fertig, das Metallgemisch hatte genau die richtige Temperatur, alles von Menschen Machbare war getan worden. Da sammelte Wolf seine Gesellen um sich, alle nahmen die Mützen vom Kopf, falteten die Hände und baten im Gebet um den Segen des Himmels für ihr Werk. Laut klang die Stimme des Meisters:

»Hebt die Augen himmelwärts
und lasst rinnen jetzt das Erz,
dass die Glocke wohl gelinge
und das Lob des Höchsten singe!
In Gottes Namen. Amen.«

Erst danach durchstieß er den Pfropf, der den Siedekessel verschloss, und durch eine Rinne schoss das glühende Metall in die Form.

Als die Arbeit getan war, ging er mit seinen Gesellen feiern, wie es Brauch war, und so mancher Becher Wein wurde auf das Wohl der neuen Glocke getrunken.

Am nächsten Tag war es so weit. Die Form konnte abgeschlagen werden. Nervös schritt der Meister immer wieder um sie herum und begutachtete jedes Stück der Glocke, das freigelegt wurde. Plötzlich entrang sich ein Stöhnen seiner Brust: Der Guss war fehlgeschlagen, ein dicker Riss zog sich durch die Glockenwand. Auch die Gesellen ließen die Köpfe hängen. So etwas war in ihrer Werkstatt schon lange nicht mehr passiert. Und nun ausgerechnet bei diesem wichtigen Auftrag.

Am folgenden Morgen rief der Glockengießer seine Leute zusammen. Zwei steile Zornesfalten standen auf seiner Stirn, als er ihnen befahl, sich auf einen zweiten Guss vorzubereiten.

Wieder gingen einige Wochen ins Land. Meister Wolf war während dieser Zeit wahrlich nicht leicht zu ertragen, denn ständig fand er etwas an der Arbeit seiner Gesellen auszusetzen und behauptete, der Riss sei gewiss durch eine Unachtsamkeit von ihnen entstanden. Selber wies er jedoch jede Verantwortung dafür weit von sich.

Und auch diesmal kam der Tag, an dem alles fertig war. Wieder sammelte Wolf die Gesellen um sich. Doch trug er sein Gebet herrisch und fordernd vor, dass alle, die es hörten, unwillkürlich zusammenzuckten:

»Hilf Gott, erhör in Gnad' mein Flehen,
lass rein und schön mein Werk erstehen.
In Gottes Namen. Amen.«

Zischend rann das Erz in die Form. Bedrückt sahen die Männer sich beim Umtrunk an. Keiner hatte Lust zu feiern. Stattdessen fanden sich alle so früh es ging ein, um die Glocke freizulegen.

Schon nach wenigen Minuten entfuhr den Lippen des Meisters ein wüster Fluch. Wieder zog sich ein Riss durch sein Werk, wenn auch dünner als beim ersten Mal. Zornig brüllte er: »Verdammt will ich sein, wenn ich meine Arbeit noch einmal für diese Kirche zur Verfügung stelle! Hier hat der Teufel die Hand im Spiel. Er hat meine Kunst zunichte gemacht!« Damit stapfte er davon.

Doch schon bald erschien der Dombaumeister persönlich in der Werkstatt und begann, ihn zu bedrängen, es noch ein Mal, ein einziges Mal noch, zu versuchen. Schließlich sei es auch für den bedeutendsten Glockengießer des Landes eine große Ehre, einer so herausragenden Kirche für Jahrhunderte eine Stimme zu verleihen.

Nach längerem Hin und Her fügte sich Meister Wolf schließlich unwirsch und gab den Befehl, einen dritten und letzten Guss vorzubereiten. Doch war er schon davor jähzornig und nur schwer zu ertragen gewesen, so war es diesmal noch schlimmer. Keiner wagte, ihn anzusprechen. Alle gingen ihm aus dem Weg, wo sie nur konnten.

Und abermals war alles vorbereitet. Ängstlich warteten die Gesellen auf Wolfs Gebet. Da trat dieser vor, mit blassem Gesicht, schnaubte verächtlich, reckte die Fäuste zum Himmel und rief:

»Halfen mir nicht die guten Geister,
so ruf ich jetzt der Hölle Meister:
Möge denn er das Glück mir bringen!
Teufel, lass du's gelingen!«

Vor Entsetzen wie gelähmt blickten sich die Männer an, während das glühende Erz in die Form rann. Dann wandten sie sich ab und gingen an dem Glockengießer vorbei in die Nacht.

Keiner von ihnen kehrte am nächsten Tag zurück. Der Meister selber legte die Glocke frei, als die Sonne gerade blutrot über den Horizont kroch. Und fand keinen Fehler an ihr. Schön und makellos stand sie da, so, wie er es sich schon beim ersten Mal gewünscht hatte.

Nun musste sie nur noch geweiht und im Dom aufgehängt werden. Auch der Dombaumeister war begeistert, als er das Prachtstück sah, und man wurde sich schnell über einen Termin für das große Fest einig.

Vor den Augen einer riesigen Menschenmenge sprach ein Priester die segnenden Worte und besprengte die Glocke mit Weihwasser. Doch niemand bemerkte, wie sich plötzlich ein haarfeiner Riss die Glockenwand hinunterschlängelte.

Dann begann man, sie über Winden an schweren Seilen im Turm hochzuziehen. Ganz oben wartete Meister Wolf. Doch als er hörte, welch ächzende und stöhnende Geräusche sein Werk auf dem Weg von sich gab, fast wie ein Mensch, da wurde ihm ganz seltsam zu Mute. Endlich war die Glocke angelangt. Mit der Hilfe einiger Männer hängte er den Klöppel ein und stieß ihn an, damit sie zum ersten Mal ihre Stimme über der Stadt ertönen lassen konnte. Doch was war das? Hässlich und verzerrt klang es ihm in den Ohren wie ein Schwarm Krähen, so dass er erschrocken zurücktaumelte. Da spürte er, wie ihn jemand an der Hand packte. Überrascht blickte er in das hagere Gesicht eines Fremden, der ihn boshaft angrinste.

»Nun hast du, was du wolltest. Es ist Zeit, dafür zu zahlen«, flüsterte der ihm ins Ohr, zerrte ihn zum Geländer und schwang sich gemeinsam mit ihm in die Tiefe.

Entsetzt stoben die Leute zu Füßen des Turmes auseinander, als sie den gellenden Schrei des Meisters hörten. Einen Augenblick später schlug sein Körper auf dem Boden auf.

Obwohl einige, die mit im Glockenstuhl gewesen waren, Stein und Bein schworen, dort einen Fremden gesehen zu haben, der ebenfalls über das Geländer gestürzt sei, war und blieb dieser verschwunden. Als man schließlich von Wolfs Bitte um des Teufels Hilfe erfuhr, da war klar, wer der rätselhafte Mann gewesen sein musste.

Die Glocke nannte man die Teufels- oder Feuerglocke, denn sie durfte nur noch geläutet werden, wenn der Stadt außerordentliche Gefahr durch Brand oder Krieg drohte. Und viele Jahre später hat man sie eingeschmolzen.

Eines weisen Mannes Rache

Das Aufeinanderprallen der Weisheit eines Gelehrten und der Dummheit eines Kaisers versprechen spannende Unterhaltung mit vielen »special effects«. Zum Glück ist der Kaiser lernfähig.

DER WINTER 1247/48 WAR BESONDERS HART und so kalt, dass selbst der mächtige Rhein vollständig zugefroren war. Daher staunten die Kölner nicht schlecht, als sich mitten im dicksten Schneegestöber am Tag vor Drei Könige ein Bote durch das Stadttor kämpfte um mitzuteilen, dass Kaiser Wilhelm von Holland ihnen innerhalb der nächsten Stunden einen Besuch abzustatten gedenke. In Windeseile wurde alles für den Empfang des hohen Herrn vorbereitet.

Als er endlich am späten Abend mit seinem Tross einzog, wurde er sofort ins Rathaus geführt, wo bereits ein fröhliches Feuer im Kamin loderte und die Festtafel reich gedeckt war. Nach und nach stellte der Bürgermeister ihm sämtliche Honoratioren der Stadt vor, doch nach einer Weile ließ der Kaiser seinen Blick suchend über die Menge gleiten. Auf die beunruhigte Frage, ob er etwa jemanden vermisse, antwortete er: »In der Tat. Man hat mir berichtet, dass sich seit einiger Zeit einer der bedeutendsten Gelehrten unserer Tage, Albertus, den man auch den Großen nennt, bei Euch aufhält. Ich hatte mich eigentlich auf seine Bekanntschaft gefreut, aber ich sehe ihn hier nirgends.«

Seine Majestät durfte man natürlich nicht enttäuschen. Deshalb beauftragte der Bürgermeister rasch einen seiner Diener, den berühmten Mönch zu holen.

Ärgerlich wühlte sich Albertus aus seiner Decke. Nicht nur, dass es mitten in der Nacht war und er in aller Herrgottsfrühe schon wieder am Gottesdienst teilnehmen musste. Nein, auch das Wetter war nicht gerade so, dass man freiwillig gern einen Schritt vor die Tür tat. Und das alles nur, weil der Kaiser sich in den Kopf gesetzt hatte, ihn persönlich zu begrüßen. Wie lästig! Andererseits – und bei diesem Gedanken erhellte sich seine Miene ein wenig – hatte Wilhelm ja vielleicht ein wichtiges Problem, zu dem er den Rat eines klugen Mannes einholen wollte. Vielleicht würde sich ja ein interessantes Gespräch ergeben.

Doch die Hoffnung des gelehrten Magisters wurde schwer enttäuscht. Kaum war er Wilhelm vorgestellt worden und hatte diesen ehrerbietig begrüßt, da wandte der Kaiser sich mit folgenden Worten an ihn: »Mein lieber Albertus, Eure Klugheit und Weisheit wird überall im Lande gerühmt. Eines aber hat mich immer besonders fasziniert an den Geschichten, die über Euch erzählt werden. Es heißt nämlich, dass Ihr sogar der Zauberei kundig seid. Nichts würde mein Herz mehr erfreuen, als wenn Ihr mir eines Eurer Kunststückchen vorführen könntet!«

Albertus kochte vor Wut. Für so einen Firlefanz hatte man ihn um seinen kostbaren Schlaf gebracht! Ein paar Zaubertricks wollte der hohe Herr sehen, als hätte er es mit einem Jahrmarktsgaukler zu tun! Aber natürlich durfte er sich nichts anmerken lassen – sich den Zorn eines Kaisers zuzuziehen, konnte ziemlich gefährlich sein. Also machte er gute Miene zum bösen Spiel und willigte ein, Wilhelm eine Probe seines Könnens zu geben.

Er ließ sich einen großen Pokal, randvoll mit bestem Wein gefüllt, reichen. Darüber sprach er leise einige unverständliche Worte. Als weißer Dampf über den Becherrand quoll, hielten alle den Atem an. Plötzlich schoss der Inhalt des Gefäßes in einer riesigen Fontäne bis zur Decke hinauf. Rasch duckten sich die Zuschauer, um nicht von den Spritzern getroffen zu werden. Da ertönte liebliches Gezwitscher, und als sie es wagten aufzuschauen, hatten sich die Weintropfen in einen Schwarm bunter Vögel verwandelt, die fröhlich umherflatterten. Begeisterte Rufe wurden laut. Aber im nächsten Augenblick schnippte Albertus einmal mit den Fingern, und die Vögel wurden wieder zu Weintropfen, die nun auf die staunend nach oben gewandten Gesichter regneten. Einen Augenblick herrschte verdutzte Stille, doch dann erhob sich lautes Gelächter, und die Gäste prosteten dem Gelehrten zu. Wieder sprach Albertus eine Zauberformel, und noch ehe sie ihre Becher ansetzen und trinken konnten, schossen blaue Flammen aus ihnen hervor, die dem einen oder anderen sogar Bart und Augenbrauen ansengten. Auch wenn einige der Anwesenden darüber verständlicherweise verärgert waren, schien sich Wilhelm köstlich zu amüsieren und sagte: »Nun, Meister Albertus, für heute wollen wir es genug sein lassen, denn Ihr habt in der Tat bewiesen, dass Ihr nicht nur die Wissenschaft, sondern auch die Zauberkunst aufs Vortrefflichste beherrscht. Doch würde ich gerne, ehe ich diese gastliche Stadt wieder verlasse, noch eine weitere Probe Eures Talents zu sehen bekommen. Ob Ihr das wohl einrichten könntet?«

Albertus dachte einen Moment nach. Diesem Kindskopf würde er schon noch beibringen, nicht die kostbare Zeit klügerer Leute mit solchem Unsinn zu verplempern. Er antwortete also: »Majestät, es wäre eine große Ehre für mein Kloster und mich, wenn Ihr uns morgen mit Eurem Gefolge zum Abendessen besuchen wolltet.« Einer solchen Einladung stimmte der Kaiser natürlich gern zu, nicht ahnend, dass ihm Albertus damit eine ordentliche Lehre erteilen wollte.

Wie verabredet fand er sich daher am folgenden Abend mit seinen Leuten im Kloster ein. Sie wunderten sich zunächst, als Albertus sie in den Garten hinausführte, denn das Wetter schien ihnen für ein Mahl im Freien nun wirklich nicht geeignet. Doch dann kannte ihr Staunen keine Grenzen mehr: Ein mildes Sommerlüftchen wehte, alle Pflanzen standen in Blüte, Schmetterlinge flatterten umher, Vögel zwitscherten, und es war, als seien sie geradewegs ins Paradies gelangt. Rasch begannen sie, ihre Pelze und warmen Umhänge auszuziehen,. und schon bald hatten die Ersten sich auch ihrer Tuniken entledigt und saßen mit bloßem Oberkörper da. Als Albertus nun einmal in die Hände klatschte, kamen Diener und Dienerinnen, die so schön waren, dass sie auch dem vornehmsten Hause zur Ehre gereicht hätten, und trugen die kostbarsten Speisen auf. Allen lief bei diesem Anblick das Wasser im Munde zusammen, und sie konnten kaum das Ende des Tischgebets abwarten, um sich endlich auf all diese Delikatessen zu stürzen. Nur Albertus rührte nichts an. Mit einem feinen Lächeln auf den Lippen schaute er seinen Gästen eine Weile zu. Dann murmelte er leise einige Worte. Aus heiterem Himmel ertönte ein krachender Donnerschlag, und der ganze Zauber verschwand. Halbnackt saßen Kaiser und Gefolge im eisigen Schnee vor angeschlagenem Geschirr, auf dem verrunzelte Möhren und welke Krautstrünke lagen, die bestenfalls noch als Viehfutter taugten. Die schönen Diener wurden wieder zu kahlen Buschgerippen. Unter dem Tisch aber erklang ein lauter Schmerzensschrei. Der Narr des Königs, der, wie es sich gehörte, zu Füßen seines Herrn saß, hatte, wie er dachte, dort unten eine leckere, fette Wurst erspäht und gerade in dem Moment, als der Zauber gebrochen wurde, herzhaft hineingebissen. Sehr zu seinem Leidwesen, denn die Wurst war in Wirklichkeit der Schwanz eines Hofhundes gewesen, der ihm diesen Angriff ziemlich übel nahm. Alle sprangen auf, zogen sich hastig ihre erst vor wenigen Minuten abgelegten Kleidungsstücke über und rannten ins warme Kloster. Trotzdem waren einige blaugefroren, ehe sie dort ankamen. Mit undurchdringlicher Miene bat Albertus nun um Entschuldigung für alle erlittene Ungemach und lud sie in den Speisesaal ein, wo die Tische zwar nicht mit auserwählten Kostbarkeiten, aber doch immerhin mit einer kräftigen, dampfenden Suppe gedeckt waren, die den meisten nach diesem Schreck gerade recht kam.

Nachdenklich musterte Wilhelm während des Mahles seinen Gastgeber und kam dabei zu dem klugen Entschluss, ihn lieber nicht noch einmal um eine Darbietung seiner Zauberkunst zu bitten. Stattdessen vertiefte er sich in eine Diskussion über verschiedene politische Probleme mit ihm, die Albertus sichtlich Freude bereitete, so dass sie in den frühen Morgenstunden als beste Freunde voneinander schieden. Der Kaiser hatte seine Lektion gelernt.

Die Krötenkiste

Von einer Kiste voller Gold bleiben nicht mehr als ein paar Kröten, und seither kann keines dieser schleimigen Tierchen mehr die Schwelle von St. Gereon lebend überschreiten.

LAURENTIUS WAR EIN STEINREICHER KAUFMANN, der sich Zeit seines Lebens nur für Geld interessiert hatte. Freud und Leid seiner Mitmenschen waren ihm völlig gleichgültig gewesen, es sei denn, er konnte irgendwie Profit daraus schlagen. Nun jedoch waren seine Haare schlohweiß, seine Haut faltig und sein Rücken krumm geworden, und er konnte nur noch mühsam an einem Stock humpeln, denn alle Gelenke taten ihm weh. Da wurde ihm klar, dass ihm nicht mehr viel Zeit blieb, um noch etwas für sein Seelenheil zu tun. Voller Angst wandte er sich daher an den Pastor von St. Gereon und bat ihn um Rat, was er denn tun könne, um vielleicht doch noch, gewissermaßen durchs Hintertürchen, in den Himmel zu kommen. Irgendeine Möglichkeit musste es doch geben. Ein wirklich schlimmer Mensch war er schließlich nicht gewesen, auch wenn er sich nicht mehr recht erinnern konnte, wann er das letzte Mal ein gutes Werk getan hatte.

Der arme Pastor Bernhard mühte sich zwar redlich, Laurentius zu erklären, dass er sein bisheriges Leben ernsthaft bereuen und für seine Sünden Buße tun müsse, dann sei in der Tat noch nichts verloren, doch der schien das alles gar nicht zu verstehen. Er hatte ja eigentlich nichts wirklich Böses getan. Nur sich ein bisschen zu viel um die irdischen Dinge gekümmert. Wie sollte er das denn bereuen? Er war doch sehr erfolgreich gewesen. Und Buße, nun ja, da konnte man natürlich drüber reden. Aber sollte er auf seine alten Tage, wo er sich kaum noch rühren konnte, unter die Armen gehen, um sie zu speisen und ihnen die Läuse aus dem Haar zu suchen? Das war doch einfach lächerlich!

So diskutierten sie eine ganze Weile hin und her, bis der Pastor ergeben die Hände hob und sagte: »Wenn Ihr Euch nicht raten lassen wollt, werter Laurentius, dann versucht selbst herauszufinden, womit Ihr Gottes Vergebung zu dieser späten Stunde noch erlangen könnt. Die Wege des Herrn sind manchmal wundersam, und vielleicht weist Er Euch ja eine Möglichkeit, die viel besser ist als alles, was ich Euch empfehlen könnte.«

Am nächsten Tag klopfte es schon kurz nach der Frühmesse an der Tür des Pfarrhauses. Als Bernhard öffnete, sah er sich dem freudestrahlenden Kaufmann gegenüber. In dessen Begleitung befand sich ein Diener, der sich die Schweißperlen von der Stirn wischte, denn er hatte eine offensichtlich sehr schwere Holzkiste hergeschleppt. Fröhlich meinte der Kaufmann: »Herr Pastor, Ihr hattet vollkommen Recht. Als ich heute Nacht nicht schlafen konnte, hat mir Gott selbst den rechten Weg gezeigt. Dass ich da nicht eher drauf gekommen bin! Eigentlich ist es doch ganz einfach. Hier habt Ihr eine große Truhe, bis an den Rand gefüllt mit Goldstücken. Zu jedem Einzelnen könnte ich Euch erzählen, wie viel Mühe es mich gekostet hat, es zu bekommen. Dann wüsstet ihr wohl, welch schwere Buße es für mich ist, mich davon zu trennen. Doch ich will Euch nicht mit meinem Geschwätz langweilen. Nehmt das Geld und tut Gutes damit! Speist die Armen oder gebt es dem Kloster, was immer Euch am vernünftigsten scheint. Das wird Gott wohl gefallen, und ich bin mir sicher, dass er mich dafür gerne in sein Reich aufnehmen wird.«

Entgeistert schaute Bernhard ihn an. Der gute Mann hatte aber auch wirklich gar nichts verstanden. Der Himmel ließ sich doch nicht erkaufen! Laurentius hatte sich ja nicht einmal die Mühe gemacht, darüber nachzudenken, wofür sein Geld verwendet werden sollte. Sogar das musste ihm noch jemand abnehmen. Nur, wie sollte er ihm begreiflich machen, dass er sein Ziel so niemals erreichen würde?

Nachdenklich nagte er einen Moment an der Unterlippe. Dann blickte er den erwartungsvoll Dastehenden an und sagte: »Nun, wenn Ihr meint, dass dies Gottes Wille ist, so habe ich dem nichts entgegenzusetzen. Und doch möchte ich, auch zu Eurer Sicherheit, darum bitten, dass wir die Probe aufs Exempel machen. Lasst uns die Kiste über Nacht in die verschlossene Kirche stellen. Ich glaube, dass uns Gott am nächsten Morgen schon ein Zeichen geben wird, ob ihm Euer Geschenk gefällt oder nicht.«

Der Kaufmann war zwar etwas enttäuscht, dass seine großzügige Gabe nicht mit mehr Begeisterung aufgenommen worden war, erklärte sich aber mit dieser Bedingung einverstanden. Einen Betrag in dieser Höhe würde Gott niemals zurückweisen, da war er sich absolut sicher.

Wie verabredet kam er an diesem Abend nach der letzten Messe noch einmal zur Kirche. Bernhard schleppte die Truhe hinein und öffnete sie, damit sie sich beide überzeugen konnten, dass noch alles Geld an seinem Platz war. Dann verschloss er sie mit einem schweren Vorhängeschloss, dessen Schlüssel er Laurentius zur Aufbewahrung gab. Danach verschlossen sie die Kirchenpforte. Deren Schlüssel nahm der Pastor an sich.

Am nächsten Tag vor der ersten Messe trafen sie sich erneut. Zuerst öffneten sie die Kirche. Im Innern schien alles wie sonst. Vor dem Altar stand die Kiste, genau so, wie sie sie am Vorabend abgestellt hatten. Siegesgewiss ging Laurentius hin, steckte den Schlüssel ins Schloss, drehte ihn einmal um und schlug den Deckel auf.

Entsetzt schrie er auf. Statt mit prächtig glänzenden Goldstücken war sie angefüllt mit ekligen, schleimigen, widerlichen – Kröten!

Jammernd und weinend brach Laurentius zusammen. Wie hatte das nur geschehen können? Seine schönen, prächtigen Goldstücke, ein jedes mit viel Mühe erworben! Wie hatte Gott dieses Opfer nur ablehnen können! Was sollte er denn stattdessen geben? Er hatte doch nichts, was er höher schätzte. Was sollte nur werden?

Mühsam gelang es Bernhard schließlich, den Mann ein wenig zu beruhigen und aus der Kirche hinüber ins Pfarrhaus zu führen. Dort setzte er ihn in einen Lehnstuhl und holte ihm ein Gläschen Schnaps für die Nerven. Dann versuchte er noch einmal, ihm zu erklären, dass zu einer richtigen Buße mehr gehörte, als nur ein Stückchen von dem zu geben, wovon man sowieso genug hatte.

Erneut schluchzte der Kaufmann, dass er nun aber gar nicht mehr wisse, was er tun solle, weil er sich gar kein größeres Opfer vorstellen könne, als sich von einem Teil seines Geldes zu trennen.

Nachdenklich betrachtete ihn der Pastor. »Nun, wenn Ihr Euer Geld so über alles liebt, dann dürfte es Euch doch nicht schwer fallen, eine Nacht mit ihm zu verbringen, oder?« fragte er listig.

Laurentius schüttelte den Kopf. »Nein, natürlich nicht. Aber ich sehe nicht, wie das helfen soll.«

»Ganz einfach: Ihr habt mir gestern eine Kiste Goldmünzen gebracht. Ich möchte, dass Ihr die nächste Nacht in dieser Kiste bei Euren Münzen verbringt. Wenn es Euch wirklich ernst ist mit Eurer Reue, dann wird Gott Euch danach mit Sicherheit vergeben.«

Laurentius erbleichte. »Ihr meint … bei den Kröten?«

»Genau das meine ich. Vergesst nicht: Noch gestern waren diese Kröten Euer liebster Schatz! Da sollte Euch diese Buße eigentlich ein Leichtes sein.«

Geknickt humpelte der alte Mann schließlich nach Hause. Dass es so schwer war, in den Himmel zu kommen. Aber wenn es halt nicht anders ging – irgendwie würde er die Nacht bei den Kröten schon überstehen.

Und so fand er sich auch brav des Abends wieder in der Kirche ein. Wie ihn der Pastor geheißen, legte er sich in die Kiste, die gerade lang genug für ihn war, und versuchte angestrengt, nicht daran zu denken, worauf er sich da bettete. Als sich der Deckel über ihm schloss, geriet er doch ein wenig in Panik, beherrschte sich aber und biss die Zähne zusammen. Wenn er nur in den Himmel kam, alles andere war egal.

Bernhard verließ die Kirche mit einem unguten Gefühl. Irgendwie hatte er den Eindruck, dass Laurentius noch immer nicht recht begriffen hatte, dass es nicht genügte, einfach nur in den Himmel zu wollen, sondern dass man auch ernsthaft etwas dafür tun musste. Wenn das nur gut ging. Aber diese Angelegenheit lag nun nicht mehr in seinen Händen, sondern in denen von Laurentius selbst und natürlich vom lieben Gott persönlich. Und der würde auf jeden Fall die richtige Entscheidung treffen, denn nur er konnte den Menschen auch bis in den hintersten Winkel ihrer Seele blicken.

Bangen Herzens betrat er am nächsten Morgen den Altarraum. Leise flüsterte er: »Laurentius?« Dann etwas lauter: »Laurentius, wie geht es Euch?«

Alles blieb still.

Endlich nahm er all seinen Mut zusammen und schlug den Deckel der Goldkiste auf. Da waren nur Kröten, sonst nichts. Allerdings schienen sie ihm noch etwas fetter und hässlicher als am Tag zuvor. In dem plötzlichen Lichtschein bewegten sich die Tiere, und zwischen ihnen blinkte an verschiedenen Stellen etwas Helles auf. Pastor Bernhard griff danach, doch kaum hatte er eines der Teile erwischt, warf er es auch schon mit einem Schaudern zurück. Knochen! Blankgenagte Menschenknochen!

Das konnte nur eines bedeuten: Laurentius hatte nicht ernsthaft sein bisheriges Leben bereut, und zur Strafe war er von den Kröten aufgefressen worden.

Niedergeschlagen ging Bernhard zurück zum Pfarrhaus. Er hatte sein Bestes für den reichen Mann getan, aber der hatte einfach nicht begreifen wollen. Da konnte man wohl nichts machen.

Mit einem Spaten bewaffnet kehrte er zu St. Gereon zurück, grub unter der Schwelle ein tiefes Loch und versenkte die Kiste samt Kröten und Knochen darin. Dann bedeckte er alles wieder mit Erde und schickte noch ein kurzes Gebet gen Himmel, dass Gott mit dem armen Sünder nicht allzu hart ins Gericht gehen möge.

Seit jenem Tag aber kann keine Kröte mehr diese Kirchenschwelle lebend überqueren. Oder haben Sie schon einmal eine Kröte in St. Gereon gesehen? Na also.

Die Totenmesse

Wer von Geistern den eigenen Tod gezeigt bekommt, hat nicht mehr lange zu leben.

GERADE VERKLANG DER LETZTE GLOCKENTON der Mitternacht, da fuhr Abt Josephus von St. Gereon aus dem Schlaf auf. Wie spät es wohl sein mochte? Draußen war alles dunkel, aber das hatte nichts zu bedeuten, denn es war tiefer Winter. Ob es schon Zeit für die Frühmesse war? Hastig stand er auf und ging ans Fenster. Als er einen Blick zu St. Gereon hinüberwarf, durchfuhr ihn ein eisiger Schreck. Die Kirche war hell erleuchtet, Gesang und Orgeltöne klangen zu ihm herüber. So schnell es ging legte er seine Kleidung an und eilte durch die kalten, finsteren Gänge auf den Klosterhof hinaus. Das war ihm in seinem ganzen Leben noch nicht passiert, dass er einen Gottesdienst verschlafen hatte! Nun ja, er kam langsam in die Jahre und hatte sich außerdem die letzten Tage nicht besonders gut gefühlt – aber trotzdem.

Leise öffnete er die Kirchentür. Tatsächlich war er der Letzte. So unauffällig wie möglich schob er sich in eine der hinteren Bänke und stimmte in den Gesang mit ein. Als sich schließlich alle setzten, wurde ihm der Blick zum Altar freigegeben. Seltsam, der Priester, der die Messe las, schien ihm völlig unbekannt. Vielleicht lag das aber auch am flackernden Kerzenlicht und daran, dass er ihm noch den Rücken zuwendete. Ja sicher, das würde es wohl sein.

Langsam beruhigte sich Josephus wieder und schaute sich ein wenig um. Da bemerkte er, dass im Chorraum eine Bahre mit einem Leichnam stand, der mit einem schwarzen Tuch abgedeckt war. Erstaunt runzelte er die Stirn. Was sollte das bedeuten? Warum hatte man ihn nicht gerufen, um dem Sterbenden die Letzte Ölung zu geben, wie es Sitte war? Und welcher der Brüder war es, dessen Totenmesse hier gelesen wurde? Es war doch in letzter Zeit niemand ernsthaft erkrankt.

Die Angelegenheit wurde ja immer merkwürdiger. Gerade wollte er den Bruder, der neben ihm saß, fragen, was geschehen war, als ihm auffiel, dass auch der, wie der Priester, ein Fremder war. Angstvoll schaute er sich um. Keinen Einzigen dieser Mönche, die mit leichenblassen Gesichtern und leeren Augen die Messe feierten, kannte er. Ein kalter Schauer kroch ihm über den Rücken. Was ging hier vor?

In diesem Augenblick wandte sich der Priester seiner Gemeinde zu, und Josephus unterdrückte nur mit Mühe einen Entsetzensschrei. Dieser Mann war kein anderer als sein eigener Amtsvorgänger, den sie vor bald fünfzehn Jahren zu Grabe getragen hatten!

Wer aber mochte dann der Tote unter dem schwarzen Laken sein?

Eine schlimme Vorahnung ließ ihn sich erheben und zu der Bahre schleichen. Einen Augenblick zögerte er noch, doch dann ertrug er die Ungewissheit nicht länger und schlug das Leichentuch zurück. Wie zu Stein erstarrt stand er da und blickte in sein eigenes Gesicht.

Nach einer Weile sank er auf die Knie, faltete die Hände und begann zu beten. Mit der Geisterstunde verschwand auch der Spuk um ihn herum. Er aber rührte sich nicht von der Stelle. Und so fanden ihn die ersten Brüder, die zur Frühmesse kamen. Als sie ihn ansprachen, reagierte er zunächst nicht, als sei er mit seinen Gedanken in einer anderen Welt. Erst als ihn jemand an der Schulter berührte, fuhr er zusammen, sah die Mönche einen Augenblick verwirrt an und seufzte: »Nicht die Toten, die Lebenden sind es.« Dann fiel er in eine tiefe Ohnmacht.

Besorgt trugen die Brüder ihn in seine Zelle und hielten Wache über ihn, bis er gegen Mittag das Bewusstsein wiedererlangte. Dann erzählte er ihnen, was ihm widerfahren war und sagte, dass er nun die Beichte ablegen und die Letzte Ölung empfangen wolle, denn Gott habe ihm in seiner großen Gnade mit dieser Erscheinung zeigen wollen, dass sein Tod unmittelbar bevorstünde.

Alles geschah, wie er es wünschte, und am Abend feierten die Brüder noch eine letzte Messe mit ihm in seiner Kammer, denn zum Aufstehen war er bereits zu schwach. Danach dankte er ihnen, schloss die Augen und starb, so wie er es vorhergesehen hatte.

Es wird Zeit, dass du gehst!

Eine Mitternachtsmesse mit zu viel Alkohol im Blut kann gefährlich werden.

BARTHEL STOLPERTE DIE STRASSE ENTLANG. Kein Wunder, dass er nicht mehr ganz sicher auf den Füßen war, denn den ganzen Abend hatte er mit Freunden in einem Wirtshaus am Heumarkt Adalberts Geburtstag gefeiert und ordentlich Bier getrunken. Nun befand er sich auf dem – nicht ganz geradlinigen – Heimweg. Wie gut, dass er nicht verheiratet war. Einige der anderen würden sicher ordentlich Ärger bekommen, wenn sie in diesem Zustand nach Hause kamen. Wie spät es wohl sein mochte? Bestimmt schon um Mitternacht herum. Hoffentlich schaffte er es morgen früh, rechtzeitig aus dem Bett zu kommen, um zum Sonntagsgottesdienst zu gehen. Sonst musste er beichten, und wer weiß, was ihm der Pfarrer diesmal wieder für eine schreckliche Buße auferlegte. Es wäre schließlich nicht das erste Mal, dass er die Heilige Messe wegen eines nächtlichen Gelages versäumte …

In seine Gedanken vertieft hatte Barthel den Marktplatz überquert. Groß und düster erhob sich vor ihm St. Maria im Kapitol auf dem Hügel am Rhein. Doch nein, das stimmte nicht ganz! Aus den Fenstern drang der Lichtschein unzähliger Kerzen, und nun hörte Barthel auch leise Orgelmusik und Gesang.

Verwirrt kratzte er sich am Kopf. Das war aber ungewöhnlich, ein Gottesdienst um diese Zeit. Andererseits: Vielleicht war es ja ein Wink

des Allerhöchsten. Wenn er nämlich jetzt die Messe besuchte, dann brauchte er morgen früh nicht raus. Bei dieser Vorstellung fühlte er sich gleich wesentlich nüchterner, überquerte die Straße, ging den Hügel hinauf und betrat leise die Kirche.

Erstaunt blickte er sich um. Alle Bänke waren bis auf den letzten Platz besetzt, so dass es ihm nur mit Mühe gelang, sich in der letzten Reihe noch ein kleines Eckchen zu ergattern. Doch ein wenig Unbequemlichkeit nahm Barthel gern in Kauf dafür, dass er am nächsten Tag ausschlafen konnte.

Anfangs hatten die vertrauten Worte und Rituale eine leicht einschläfernde Wirkung auf ihn. Nach einer Weile aber drang ein seltsamer Geruch in seine Nase, der vom Weihrauch fast überdeckt wurde. Es dauerte etwas, bis Barthel wusste, woran er ihn erinnerte: an modrige, feuchte Erde. Seltsam. Dabei hatte es doch gar nicht geregnet.

Allmählich wurde er unruhig, auch wenn er nicht genau hätte sagen können, warum. Irgendetwas stimmte hier nicht.

Was mochte wohl der Anlass dafür sein, dass sich mitten in der Nacht noch so viele Leute zu einem Gottesdienst zusammenfanden? Nervös ließ er seinen Blick über die Menschenmenge schweifen. Zwischen ihm und dem Altar erstreckte sich ein Meer von in frommem Gebet gesenkten Häuptern.

Da spürte er plötzlich einen spitzen Ellbogen in seiner Seite, und sein Banknachbar flüsterte ihm ins Ohr: »Jetzt wird es Zeit, dass du gehst!«

»Verrückter Kerl«, dachte Barthel. Der Schlusssegen war doch noch gar nicht gesprochen. Weshalb sollte er also gehen? Er beschloss, den Mann einfach nicht weiter zu beachten. Trotzdem fuhr ihm ein leichter Schauer des Unbehagens über den Rücken. Der Fremde hatte irgendwie unheimlich geklungen.

Einige Minuten später wurde Barthel erneut von ihm angestoßen. Seine Stimme klang nun etwas lauter und eindringlicher, fast schon drohend: »Jetzt wird es aber wirklich Zeit, dass du gehst!«

Wütend wollte Barthel etwas erwidern, doch die Worte blieben ihm im Halse stecken. Der Fremde wandte ihm sein bleiches Gesicht zu. Die Haut war eingefallen und runzlig, und in seinen Augen schien ein seltsames Feuer zu glühen. Stumm wies er mit seinem knochigen Finger auf die Kirchenpforte.

Hastig sprang Barthel auf. Das konnte nicht sein! Doch ein kurzer Blick auf die Gottesdienstbesucher machte ihm klar, was ihn vorher nur unbewusst beunruhigt hatte: Nicht nur, dass sie alle leichenblass waren, sondern bei genauerem Hinsehen konnte man auch erkennen, dass viele von ihnen die verschlissene und halb vermoderte Kleidung früherer Jahrhunderte trugen.

Kaltes Grausen packte ihn. Nichts wie weg hier! Als seien alle Dämonen der Finsternis hinter ihm her, rannte er zum Portal, riss es auf und stürmte hinaus, gerade als die letzten Worte des Segens verklangen.

Draußen drehte er sich noch einmal kurz um, weil er einen letzten Blick auf die unheimliche Gesellschaft erhaschen wollte, um sich zu vergewissern, dass es nicht alles nur Einbildung gewesen war. Da fuhr ein eiskalter Windhauch an ihm vorbei in die Kirche hinein und blies die Kerzen aus. Mit einem lauten Krachen fiel die Tür ins Schloss, während irgendwo in der Ferne ein Nachtwächter mit lauter Stimme die erste Stunde verkündete.

Barthel hätte später nicht mehr sagen können, wie er eigentlich nach Hause gekommen war. An Schlaf war in dieser Nacht jedenfalls nicht mehr zu denken.

Kaum dass die Kirchenglocken zur Frühmesse riefen, machte er sich auf den Weg. Nach dem Gottesdienst sprach er den Pfarrer an und erzählte ihm, was ihm vor nur wenigen Stunden widerfahren war. Nachdenklich musterte ihn der fromme Mann. »Nun, Barthel, wenn dies nicht einfach nur ein böser Traum war, den dir der Alkohol vorgegaukelt hat, dann hast du unwahrscheinliches Glück gehabt, denn du bist wohl in eine jener Geistermessen hineingeraten, von denen man hin und wieder munkeln hört. Und hätte dein Banknachbar dich nicht gewarnt, so wärst du zum Schluss zusammen mit der Geisterschar für immer verschwunden. Das sollte dir eigentlich eine Lehre sein, damit du ein gottgefälligeres Leben führst und dich nicht mehr so oft in den Wirtshäusern herumtreibst!«

Nach dieser Erklärung verspürte Barthel das dringende Bedürfnis, in der nächsten Kneipe auf den Schreck erst einmal einen Schnaps zu trinken. Und da man auf einem Bein ja bekanntlich nicht stehen kann …

Der schwarze Mönch

Wenn schwarze Mönche düstere Drohungen aussprechen und gesottene Krebse zu neuem Leben erwachen, ist die Strafe für ein böses Leben nicht mehr weit.

ALS JUNGER MANN WAR DIETBOLD einst aus Antwerpen nach Köln gezogen und hatte es verstanden, sich durch geschickten Handel schon bald ein kleines Vermögen anzuhäufen. Er hätte mit seinem Schicksal eigentlich sehr zufrieden sein können. Stattdessen jedoch war er neidisch auf jeden, der ein schöneres Haus, ein kostbareres Gewand oder ein wertvolleres Schmuckstück besaß als er selbst, und trachtete danach, sie alle zu übertrumpfen. Da dies auf ehrlichem Weg nicht möglich war, begann er heimlich damit, gegen Wucherzinsen Geld zu verleihen. So manchen braven Bürger, der ohne eigene Schuld in schwere Not geraten war, ruinierte er dabei, ohne die geringsten Gewissensbisse zu haben.

Als der Sohn einer der vornehmsten Familien Kölns um die Hand der einzigen Tochter Dietbolds, Dorothea, anhielt, beschloss der Kaufmann, dass die Hochzeitsfeier der beiden zu einem Fest werden sollte, wie es die Stadt noch nie gesehen hatte. Nur das Teuerste war gut genug: Die Wände des Saales wurden mit kostbaren Brokatstoffen behängt, die Tische bogen sich unter den fantastischsten Delikatessen aus aller Herren Länder, die für Geld zu bekommen waren. Dorothea schien von ihrem Hochzeitskleid fast erdrückt zu werden, denn das kostbare Tuch war über und über mit Gold, Silber, Edelsteinen und Perlen bestickt.

In seiner Selbstgefälligkeit bemerkte Dietbold gar nicht, dass manch einer seiner Gäste hinter vorgehaltener Hand darüber lästerte, wie er derart unmäßig mit seinem Reichtum protzte, an dem doch Blut und Tränen so vieler Menschen klebten.

Als sich das Mahl schon seinem Ende näherte und der Hausherr noch einmal das Glas auf das Brautpaar heben wollte, öffnete sich die Tür und herein trat ein Mönch in der schwarzen Kutte der Kartäuser. Mit finsterer Miene und gemessenen Schrittes ging er durch den Saal zu Dietbold und sagte: »Vergiss nicht, dass du sterben musst! Denk an dein Seelenheil, denn irdischer Besitz ist vergänglich und wird dir vor Gott nichts nützen.«

Fassungslos verstummten die Gäste, und manch einem lief bei diesen Worten ein kalter Schauer über den Rücken. Der Bräutigam, der das Ganze für einen geschmacklosen Scherz hielt, versuchte die Situation zu retten, indem er rasch einen Becher mit Wein füllte, ihn dem Fremden reichte und rief: »Für mich ist das heute ein Freudenfest. An den Tod werden wir noch oft genug denken müssen. Also trinkt mit mir und spart Euch die düsteren Gedanken für einen anderen Tag auf!«

Und wirklich trank der Mönch einen Schluck, doch als Dietbold nun ebenfalls mit ihm anstoßen wollte, machte er einen Satz zurück und schrie: »Mit dir trinke ich nicht, denn dein Glas ist mit Blut gefüllt! Das Maß deiner Sünden ist voll, und dein Hochmut wird bestraft werden, noch ehe die Sonne hinter dem Horizont versunken ist!«

Dietbold entsetzte sich darüber so sehr, dass das Gefäß seinen Händen entglitt und auf dem Boden zerschellte. Erschrocken schrien einige Gäste auf, denn der Rotwein, der sich daraus ergoss, sah im ersten Moment in der Tat aus wie eine Blutlache.

Bebend vor Wut packte der Kaufmann den Mönch an seiner Kutte und brüllte: »Mein Seelenheil geht dich einen feuchten Kehricht an!

Mein Besitz ist so sicher, dass meine Erben mir noch in hundert Jahren dafür dankbar sein werden. Wahrlich, ich sage dir«, und dabei wies er mit zitterndem Finger auf eine silberne Schale, in der noch einige rotgesottene Krebse lagen, »eher erwachen diese toten Krebse zu neuem Leben und kriechen zurück in den Rhein, als dass ich mein Vermögen verliere!«

Kaum hatte er das gesagt, da ertönte ein ohrenbetäubender Donnerschlag, die Krebse begannen sich zu rühren und krochen aus der Schüssel. Noch bevor sich jemand der Anwesenden von seinem Schreck erholen konnte, erklang ein zweiter Donnerschlag, der das Haus in seinen Grundmauern erschütterte, während gleichzeitig ein Blitz ins Dach einschlug und es in Brand setzte. In rasender Geschwindigkeit fraß sich das Feuer durch das Gebäude, während die Gäste in heller Panik das Weite suchten.

Dorothea war es in ihrem schweren Gewand nicht gelungen zu entkommen. Sie hatte sich in ihrer Schleppe verfangen und war gestürzt. Der Bräutigam, der ihr helfen wollte, wurde von den Fliehenden ebenfalls zu Boden gerissen. Man entdeckte die beiden am nächsten Tag erschlagen unter einem der noch immer schwelenden Balken. Von Dietbold und dem Mönch aber fand man keine Spur, so dass man schließlich davon ausging, dass ihre Leichen wohl vollständig verbrannt seien.

Dietbolds einziges Kind war in den Flammen umgekommen und andere Erben für das Grundstück fanden sich nicht. Jahrelang blieb die verkohlte Ruine des einst so prächtigen Hauses ein Mahnmal dafür, dass niemand vergessen sollte, wie rasch irdischer Besitz vergehen und wie plötzlich man mitten aus dem Leben gerissen werden kann.

Eines Abends jedoch kam ein alter Mann zum Pastor von St. Kolumba und bat ihn mitzukommen, um einem Sterbenden die Beichte abzunehmen und die Letzte Ölung zu geben. Der Alte führte den Priester durch die halbe Stadt zu einem ärmlichen Haus, wo auf einem Strohsack ein von schwerer Krankheit gezeichneter Mann lag. Unter der Beichte gestand er, der für tot gehaltene Dietbold zu sein. Mühsam erzählte er dem verwunderten Geistlichen, was damals geschehen war: »Ich hatte zuviel von dem Qualm eingeatmet und das Bewusstsein verloren. Nur mein treuer Diener, Ortwin, suchte nach mir. Als er mich schließlich fand, standen meine Haare und Kleider bereits in Flammen. Buchstäblich im letzten Moment rettete er mich aus dem einstürzenden Gebäude und schleppte mich unbemerkt zu seinem Haus. Es dauerte Monate, bis ich soweit genesen war, dass ich die ersten Schritte vor die Tür wagte. Die starken Verbrennungen hatten mich derart verunstaltet, dass mich niemand mehr erkannte. Mir war das nur recht, denn ich begriff, dass ich alle meine so genannten Freunde verlor, als mein Vermögen sich in Rauch auflöste und mein einziges Kind in den Flammen des Feuers umkam, welches meine Hoffart strafte. Nur Ortwin war mir geblieben, der mir auch weiterhin Unterschlupf gewährte und mich liebevoll pflegte.

Heimlich schlichen wir uns manchmal nachts zur Brandstelle, um zu schauen, ob wir nicht doch noch etwas aus den Trümmern retten konnten. So gelang es uns, das eine oder andere Kleinod aus dem Schutt zu graben, ohne dass jemand davon wusste, denn die Kölner meiden diesen Ort und halten ihn für verflucht.

Ortwin wollte alles verkaufen, damit ich noch einmal von vorne anfangen könnte. Doch dazu fehlte mir der Mut. Während meiner langen Krankheit hatte ich Zeit gehabt, über alles nachzudenken. Der schwarze Mönch, wer auch immer er gewesen sein mag, hatte Recht. Ich habe in meinem Leben viel Böses getan, und das Schicksal, welches mich ereilte, hatte ich verdient. Daher habe ich meine Strafe angenommen und die letzten Jahre in völliger Armut gelebt. Was ich zum Leben brauchte, habe ich mir durch einfache, aber harte Arbeit erworben. Und manchmal, wenn ich dazu zu schwach war, habe ich gebettelt.«

Auf einen Wink Dietbolds überreichte Ortwin dem Priester nun eine Namensliste, und der Alte sprach weiter: »Das, was mir von meinem einstigen Vermögen noch geblieben ist, möchte ich nun Euch anvertrauen, damit Ihr es den hier Genannten gebt, denen ich einst besonders großes Unrecht angetan habe. Und sollte dabei ein Rest übrig bleiben, so mögt Ihr ihn dazu verwenden, hin und wieder eine Messe für den Mann zu lesen, dem Gott eine so harte, aber gerechte Lektion erteilt hat.«

Zutiefst erschüttert gewährte der Pastor dem Sterbenden die Absolution und gab ihm die Letzte Ölung. Danach schaute er ihm ernst in die Augen und sagte mit fester Stimme: »Dietbold, es ist niemals zu spät, den Weg zu Gott zu finden. Ihr habt für Eure Sünden gebüßt und braucht den Tod nicht zu fürchten.«

Der alte Mann nickte. Dann sagte er leise und mit stockender Stimme: »Es … ist Zeit. Er ist … gekommen. Der schwarze Mönch.« Mit letzter Kraft setzte er sich ein wenig auf und streckte die Hand aus, als wollte er sie jemandem zum Gruß reichen. Für einen kurzen Augenblick strahlte sein Gesicht auf: »Er … hat mir … vergeben.« Dann sackte er mit einem tiefen Seufzer auf den Strohsack zurück. Es war sein letzter Atemzug.

Alles geschah so, wie er es gewünscht hatte, und als einige Zeit später ein neues Haus auf Dietbolds Grundstück entstand, brachte man als Erinnerung an diese Geschichte über dem Hauseingang das Standbild eines alten Mannes an, der in der rechten Hand einen Krebs hält. Dort war es noch bis ins neunzehnte Jahrhundert zu sehen.

Rathausspuk

Klüngeln ist zwar erlaubt, doch wegen seines harten Herzens und übermäßiger Geldgier musste der Bürgermeister in einer glühenden Kutsche spuken.

»NÄCHSTE WOCHE IST ES WIEDER SO WEIT.«

»Ja, mir graust auch schon davor. Vielleicht fahr ich diesmal aufs Land, bis es vorbei ist.«

»Hast du eigentlich mal richtig zugeguckt?«

»Ich? Nee, wenn das Gerumpel losgeht, steck ich den Kopf unter die Bettdecke und sage so viele Vaterunser auf wie sonst das ganze Jahr nicht.«

Die beiden Männer saßen in einer Gaststätte, an einem Tisch in der hintersten Ecke. Der große, kräftig gebaute beugte sich verschwörerisch zu dem kleineren, schmächtigen.

»Ich hab es schon mal gesehen.«

»Ja? Ist es wirklich so, wie die Leute immer sagen?«

»Also, du musst dir vorstellen, am Rathaus geht es ja los. Während die Glocken noch Mitternacht verkünden, öffnet sich da die Erde, und du siehst plötzlich Flammen aus diesem Loch schlagen. Und dann ertönt ein Dröhnen und Gerumpel, dass die Straße unter deinen Füßen bebt.«

Der Erzähler nahm genüsslich einen langen Schluck aus seinem Bierkrug, während der andere hastig seinen Schnaps hinunterkippte und sich mit zittriger Hand über den Mund wischte. Wie gebannt hing er an den Lippen seines Tischnachbarn und wartete darauf, dass er fortfuhr.

»Als nächstes kommen die Pferde: sechs feurige Rappen …«

»Jupp hat aber gesagt, es wären Schimmel!«

»Quatsch – Schimmel! Als ob es in der Hölle Schimmel gäbe! Das sind Rappen, schwarz wie die Sünde, und unter ihren Hufen sprüht es Funken, wenn sie die Straße entlanggaloppieren. Die Kutsche dahinter sieht aus, als wäre sie aus glühendem Eisen. Und der Kutscher! Die roten Haare flattern wie lodernde Flammen, und in seinem roten Gewand scheint er das Höllenfeuer noch in sich zu tragen. Mit seiner großen Peitsche treibt er die Pferde die Straße hinunter …«

Erneut unterbrach der Mann seine Erzählung und bedeutete dem Wirt, dass er kommen und ihnen nachschenken möge. Als dies geschehen war, fuhr er fort: »Und in der Kutsche sitzt der Bürgermeister. Genau, wie sie es immer sagen. Und dass das für den keine Spazierfahrt ist, das sieht man deutlich. Die Höllenqualen sind ihm ins Gesicht geschrieben, und aus seinen Haaren steigen Rauchschwaden auf, so heiß ist es da drin.«

»Weiß man eigentlich, wer das ist?«

»Nein, den Namen kennt wohl keiner mehr. Aber es heißt, er soll ein wahrhaft böser Mann gewesen sein, mit einem Herzen hart wie Stein und kalt wie Eis.«

»Ich hab mal gehört, er soll sich geweigert haben, den Leuten während einer Hungersnot Korn aus seinem Speicher etwas billiger zu verkaufen. Statt dessen hat er es die Mäuse fressen lassen.«

»Jaja, die Geschichte sollte sich auch in der heutigen Zeit vielleicht noch der eine oder andere eine Warnung sein lassen, dass Hochmut bekanntlich vor dem Fall kommt.«

»Da hast du wohl Recht.«

Aus den Blicken, die sich die beiden zuwarfen, konnte man schließen, dass sie dabei an ein und dieselbe Person dachten.

»Und am Festhaus, am Gürzenich, ist dann Schluss mit dem Spuk?«

»Genau. Da verschwindet das Höllengefährt wieder in der Erde. Bis zum nächsten Karfreitag. Aber den Schwefelgeruch, den kannst du noch lange danach in der Luft spüren.«

Den Schnapstrinker schauderte es sichtlich bei dieser Vorstellung. »Ich werd wohl diesmal wirklich wegfahren. Auch wenn ich es mir in diesen schlechten Zeiten eigentlich gar nicht leisten kann.« Mit einem Stoßseufzer setzte er sich seinen Hut auf. »Na denn. Schönen Abend noch. Trotz alledem. Und danke für die Einladung. War schön, mal wieder mit dir zu reden.«

»Bitte, wie war das? Was wollt ihr von mir?!«

Drohend ging Bürgermeister Lyskirchen einen Schritt auf die Abordnung der Kölner Bürger zu, die er im Langen Saal des Rathauses zu empfangen geruht hatte. Und diese wichen ängstlich zurück, bis sie direkt unter den Statuen der neun guten Helden standen, die eine Wand des Saales schmückten. Doch waren die Kunstwerke nicht nur Schmuck. Je drei edle Menschen aus der Zeit vor Christi Geburt, aus der Zeit Christi und aus der jüngeren Vergangenheit sollten Vorbild für Ratsherren und Bürgermeister der Stadt sein.

Doch Bürgermeister Lyskirchen hatte nur Augen für die verängstigten Bürger, die sich zusammendrängten wie eine Herde magerer Schafe vor dem Wolf.

»Meine Kornspeicher soll ich öffnen für euch? Ja, meint ihr denn, mir hätte jemand jemals etwas geschenkt? Dass ich noch Korn habe, während eure Speicher leer sind, das ist alleine mein Verdienst. Weil ich beizeiten gespart habe. Und jetzt soll ich eure Faulenzerei und schlechte Haushaltung auch noch belohnen?«

»Hoher Herr«, versuchte einer der Kölner vorsichtig einzuwenden, »wir wollen ja gar nichts geschenkt haben. Wenn Ihr nur die Gnade hättet, uns mit dem Preis ein wenig entgegenzukommen –«

Mit hochrotem Kopf starrte Lyskirchen den Sprecher an. Dann donnerte es aus ihm heraus: »Da kann ich mein Korn ja gleich den Mäusen zum Fraß ...«

»Vorsicht«, unterbrach ihn ein anderer, schon etwas älterer Mann. »Bedenkt, bald ist Karfreitag!«

»Jetzt reicht es mir aber! Macht, dass ihr rauskommt, alle miteinander! Und mit eurem Spuk, mit dem mögt ihr Waschweiber das Fürchten lehren! Ich werde euch zeigen, was ich von eurem Spuk halte.«

In der darauf folgenden Karfreitagnacht konnte man ein seltsames Schauspiel beobachten. Einige Männer brachten auf Handkarren Säcke in die Straße zwischen Rathaus und Gürzenich und begannen, auf Anweisung des Bürgermeisters deren Inhalt dort zu verteilen. Im ersten Moment dachten die Leute, die das sahen, der Bürgermeister sei jetzt vollends verrückt geworden und schütte sein Korn auf die Straße. Doch Korn war nicht so schwarz. Und bald zog das Gerücht durch die Stadt: »Der Lyskirchen hat Schießpulver auf die Straße geschüttet! Glaubt der denn allen Ernstes ...?«

Ja, er glaubte tatsächlich, damit den Höllenspuk beseitigen zu können. Und natürlich wollte er sich das mitternächtliche Schauspiel um keinen Preis entgehen lassen. Er postierte sich also rechtzeitig in einem Hauseingang in der Nähe des Rathauses und wartete, während anständige Bürger sich in ihre Häuser zurückzogen und Vorhänge und Fensterläden schlossen, um so wenig wie möglich von der Geisterfahrt mitzubekommen.

Lange Zeit blieb alles ruhig. Doch plötzlich berührte etwas seinen Fuß. Nach einigen Minuten wieder. Und wieder. Angestrengt versuchte der Bürgermeister, im Dunkel etwas zu erkennen. Und dann sah er sie: Hunderte, Tausende, vielleicht sogar Zehntausende von Mäusen und Ratten strömten von überall her aus der Stadt und aus den Kellerlöchern zum Rathaus, stürzten sich auf das Schießpulver und fraßen es. Ausgemergelt und durch die lange Notzeit vor Hunger fast wahnsinnig schienen sie gar nicht zu merken, dass das kein Korn war. Verzweifelt rannte er auf die Straße und fuchtelte wild mit den Armen, um die Tiere zu vertreiben, doch selbst als er begann, sie mit seinen schweren Stiefeln zu zertreten, nahmen die Überlebenden keinerlei Notiz von ihm. In seiner Aufregung hörte er nicht, wie die Glocken am Rathausturm begannen, die Mitternacht einzuläuten. Und er spürte auch nicht, wie, während das letzte Schießpulver von der Straße verschwand, die Erde zu beben begann.

Als der teuflische Kutscher mit der Peitsche knallte, war es zu spät. Wie ein glühendes Band legte sich ihm die Schnur um den Hals, und er spürte, wie er den Boden unter sich verlor und in die Kutsche gezerrt wurde.

Wie gern hätte er geschrien, als er sich plötzlich auf einem glühendheißen Sitz neben seinem hartherzigen Amtsvorgänger wiederfand, doch brachte er nur ein heiseres Krächzen hervor, ehe sich am Gürzenich die Erde auf immer über ihm schloss.

Ein anderer Zuschauer hatte den Spuk hingegen unbeschadet überstanden. Vorsichtig löste sich aus dem Dunkel die Silhouette des alten Mannes, der versucht hatte, Lyskirchen im Rathaus zu warnen. »Jesus, Maria und Josef«, murmelte er, während er sich wiederholt bekreuzigte. Das musste er unbedingt den anderen erzählen. Die würden Augen machen!

Wie ein Lauffeuer verbreitete sich die Nachricht vom unrühmlichen Ende des Bürgermeisters, und nur wenige sagten statt eines erleichterten »Geschieht dem alten Kniesbüggel recht!« ein leises »Gott sei seiner armen Seele gnädig«.

Tatsächlich war und blieb Lyskirchen verschwunden. Doch hatte er zumindest eines erreicht: Auch sein spukender Vorgänger belästigte die Kölner in Zukunft nicht mehr.

Im Dunkel der Nacht

... geschieht geheimnisvolles Unrecht im großen Stil. Doch die Hebamme brachte es ans Licht.

NACHDENKLICH WANDTE SICH AGNES ihrem Mann Mathias zu, der bereits tief und fest schlief. Wenigstens das hatten ihre Kräuteraufgüsse und Umschläge erreicht, auch wenn sie die Schmerzen in seinen Fingern nur wenig gelindert hatten. Wie sollte es nur weitergehen, wenn er seinen Beruf als Schuster vielleicht eines Tages nicht mehr ausüben konnte? Von dem bisschen, was sie als Hebamme verdiente, würden sie wohl kaum leben können.

Doch was nützte es, sich Sorgen zu machen? Es kam doch, wie es Gott gefiel.

Gerade hatte Agnes begonnen, ihr Kleid aufzuknöpfen, um ebenfalls schlafen zu gehen, als es laut an ihrer Tür klopfte. Da wollte wohl wieder einmal ein neuer Erdenbürger geboren werden und bedurfte ihrer Hilfe. Mit einem kleinen Stoßseufzer und einem letzten, sehnsüchtigen Blick auf das Bett wandte Agnes sich ab, ging zur Tür und öffnete.

Beim Anblick zweier vermummter Gestalten fuhr sie entsetzt zurück, denn sie glaubte nichts anderes, als dass die beiden sie überfallen, berauben, womöglich sogar ermorden wollten.

Der eine hob jedoch beschwichtigend die Hand. »Fürchtet Euch nicht, gute Frau. Es soll Euch nichts geschehen. Wir benötigen Eure Hilfe.« Unter dem Tuch, das er vor den Mund gebunden hatte, klang seine

Stimme allerdings nicht beruhigend, sondern dumpf und unheimlich, und Agnes fuhr ein kalter Schauer über den Rücken.

Aber noch ehe sie etwas antworten konnte, löste der andere einen Beutel von seinem Gürtel und ließ die Münzen darin verlockend klimpern. »Schaut her! Alle diese Goldstücke könnten Euch gehören. Ihr müsst nichts anderes als Eure Arbeit dafür machen. Ihr sollt helfen, ein Kind zur Welt zu bringen. Unsere einzige Bedingung ist, dass Ihr Euch die Augen verbinden lasst, damit Ihr nicht wisst, wo wir Euch hinbringen. Und Ihr dürft niemals mit irgendjemandem über diese Nacht sprechen.«

Agnes zögerte. Einerseits waren ihr die Männer nicht geheuer. Andererseits bedeutete das Gold für sie ein kleines Vermögen, durch das mit einem Schlag alle Probleme gelöst wären. Mathias könnte sich einen Gesellen in den Laden holen, der all die Arbeiten ausführen würde, für die seine Finger nicht mehr gelenkig genug waren ... Die Sorgen hätten ein Ende ... Und schließlich verlangte man doch nichts anderes von ihr dafür, als das, womit sie schon ein Leben lang ihr Geld verdiente. Sie gab sich einen Ruck. »Nun gut. Doch wartet. Ich muss noch meine Sachen holen.«

Neben dem Bett stand der Beutel mit Tüchern sowie schmerz- und krampflindernden Tränken und Kräutern, den sie für solche Fälle immer bereithielt. Auf dem Weg dorthin fiel ihr Blick auf ein Säckchen Erbsen, das sie am Nachmittag auf dem Markt gekauft hatte. Plötzlich hatte sie eine Eingebung. Wie selbstverständlich steckte sie die Erbsen in ihre Gürteltasche, nahm den Beutel auf und kehrte zu den Männern zurück, von denen sie sich nun die Augen verbinden ließ.

Während der eine vorneweg ging, hakte der andere sie unter und führte sie langsam durch die menschenleeren Straßen. Schon bald hatte Agnes jede Orientierung verloren, doch unbeirrt ließ sie alle paar Schritte eine Erbse aus ihrer Tasche fallen, ohne dass ihre Begleiter etwas davon merkten. Dabei grübelte sie weiter darüber nach, was wohl die Gründe für diese Geheimnistuerei sein mochten. Offensichtlich war es ein Mädchen aus gutem Hause, das hier ein Kind bekam, denn wer sonst hätte ein kleines Vermögen für das Stillschweigen einer Hebamme bezahlen können? Wahrscheinlich war es ein uneheliches Kind. Solche Dinge passierten, das ließ sich nicht leugnen. Vielleicht hatte sich das Mädchen in einen Mann verliebt, der den Eltern als Schwiegersohn nicht gut genug war. Das könnte erklären, weshalb man versuchte, den Mantel des Schweigens über die Angelegenheit zu decken. Wenn niemand von der Schwangerschaft wusste, konnte man so tun, als sei gar nichts geschehen. Das Neugeborene würde man, noch ehe der Tag erwachte, einfach vor eine Klosterpforte legen, damit sich die Nonnen des armen Waisenkindes annahmen und es aufzogen.

Abrupt wurde Agnes in ihren Gedanken unterbrochen, denn offensichtlich hatten die Männer ihr Ziel erreicht. Sie hörte das Knarren einer Tür und leises Getuschel. Dann wurde sie durch einen Flur in ein Zimmer geführt, wo man ihr die Augenbinde abnahm. In einem Bett lag ein junges Mädchen, selbst fast noch ein Kind, das leise vor sich hin wimmerte. Plötzlich zog sich ein Krampf durch seinen Körper, es krümmte sich zusammen und schrie vor Schmerzen auf.

Energisch wandte sich Agnes zu ihren Begleitern, schob sie zur Tür hinaus und schimpfte: »Macht, dass ihr fortkommt! Wenn ich fertig bin, könnt ihr mich abholen. Und das nächste Mal kommt gefälligst etwas eher, nicht erst, wenn das arme Ding vor Erschöpfung schon fast nicht mehr kann. Männer!« Dann wandte sie sich dem Mädchen zu und versuchte es zu beruhigen: »Das erste Mal ist meist das schlimmste. Versuch dich ein wenig zu entspannen. Atme ganz ruhig. Das ist alles völlig normal. Du brauchst keine Angst zu haben.«

Es war eine sehr schwere Geburt, doch endlich hielt Agnes einen gesunden kleinen Jungen im Arm. Sie hob ihn hoch, damit die Mutter ihn sehen konnte. »Schau nur, was für ein schöner Kerl! Wenn ich ihn erst einmal gebadet habe, wird er aussehen wie ein kleiner Prinz.« Doch die junge Frau drehte das Gesicht zur Wand und schluchzte herzzerreißend.

Agnes seufzte. Wenn es wirklich ein uneheliches Kind war und die Mutter es nicht behalten durfte, konnte man das schon irgendwie verstehen …

Traurig badete sie das Neugeborene, dessen Schicksal so ungewiss war, trocknete und wickelte es. Als sie sich schließlich umwandte, um es seiner Mutter zu bringen, fiel ihr Blick zum ersten Mal unter das Bett. Mit weit aufgerissenen Augen blieb sie wie angewurzelt stehen. Darunter stand ein Sarg! Was hatte der da zu suchen? Was ging hier Schreckliches vor sich?

Hastig drückte sie der Mutter das Kind in die Arme, lief zur Tür und riss sie auf. Irgendjemand würde ihr das erklären müssen!

Aber sie kam nicht weit. Mit dem Rücken zu ihr standen die beiden Vermummten im Korridor und unterhielten sich mit einem Dritten, der erschrocken den Kopf hob, als er Agnes hörte, hastig seinen Hut tief ins Gesicht zog und in einem Zimmer verschwand. Agnes hatte ihn zwar nicht erkannt, doch in seiner Hand hatte etwas aufgeblitzt, was ihre schlimmsten Befürchtungen bestätigte: ein Schwert!

Wütend herrschte sie einer der Vermummten an: »Was hast du hier zu suchen, dummes Weib? Du solltest warten, bis wir dich abholen!«

Erschrocken wich sie zurück. »Aber … ich wollte doch nur … unter dem Bett … der Sarg. Da steht ein Sarg …«

»Na und? Das geht dich überhaupt nichts an. Du wirst nicht für dumme Fragen so fürstlich entlohnt, sondern fürs Schweigen. Wage es nicht, irgendjemandem gegenüber auch nur die leiseste Andeutung darüber zu machen, was du hier gesehen hast – es sei denn, es verlangt dich nach einem frühen Tod! Und jetzt komm her. Ich muss dir die Augen wieder verbinden.«

Furchtsam ließ Agnes es geschehen. Innerlich zitterte sie vor Angst. Hatte sie richtig gehört? Man hatte ihr gedroht, sie umzubringen?

Auf dem Heimweg wollte ihr jedoch trotzdem die junge Frau mit dem Kind nicht mehr aus dem Kopf gehen. Der Sarg und das Schwert – sie war sich sicher, dass in diesem Augenblick bei jenen vornehmen Leuten ein schreckliches Verbrechen geschah. Und obwohl sie davon wusste, konnte sie nichts tun ...

Endlich hielten die beiden Männer vor ihrem Haus. Der eine nahm ihr die Augenbinde ab, während der andere ihr den Beutel mit den Goldstücken vor die Füße warf und sie dabei noch einmal anherrschte: »Kein Wort, Weib! Sonst ...«, und er fuhr mit seinem Finger quer über ihren Hals, als wollte er ihr die Kehle aufschlitzen. Dann verschwanden sie im Dunkel der Nacht.

Agnes hob den Beutel auf und öffnete die Tür. Drinnen zündete sie eine Kerze an und setzte sich mit einem Seufzer an den Tisch, denn an Schlaf war nicht mehr zu denken. Sie schüttete das Geld aus und schob es unschlüssig hin und her. Was sollte sie nur tun? Sie konnte sich natürlich an das halten, was die Männer ihr gesagt hatten, Stillschweigen bewahren und ihr Geheimnis eines Tages mit ins Grab nehmen. Doch das war unrecht. Sie war sich sehr sicher, dass sie damit einen Mord deckte. Wahrscheinlich sogar zwei. Würde sie damit leben können? Und würde sie damit nicht jede Hoffnung darauf verlieren, jemals in den Himmel zu kommen? Doch was konnte sie, eine einfache Frau, schon gegen eine der Patrizierfamilien ausrichten?

Lange hatte sie so ihre Gedanken kreisen lassen und mit den Münzen gespielt, als plötzlich Mathias im Türrahmen stand. Erstaunt blickte er auf das Geld. »Was hast du da?«

»Blutgeld«, sagte Agnes mit düsterer Stimme. Und dann erzählte sie ihm, was geschehen war. Danach saßen sie noch eine ganze Weile stumm beisammen, ein jeder mit seinen eigenen Gedanken beschäftigt.

Als der Himmel draußen grau wurde und die Vögel begannen, den neuen Tag mit ihrem Gesang zu begrüßen, erhob sich Mathias und sagte: »Komm, wir gehen. Mal schauen, wohin uns deine Erbsen führen werden.«

Erstaunt blickte sie auf. »Du meinst ...?«

»Ja. Wir müssen dieser Sache nachgehen. Ich kann mir nicht einen ruhigen Lebensabend mit Geld erkaufen, an dem das Blut einer jungen

Frau und ihres unschuldigen Kindes klebt. Wenn wir wissen, wo du heute Nacht gewesen bist, ist das schon einmal ein Anfang. Vielleicht fällt uns dann etwas ein, was wir unternehmen können.«

Gemeinsam folgten sie der Erbsenspur von Maria im Kapitol aus, wo sie wohnten, durch die noch schlafende Stadt bis zur Glockengasse, wo einige der reichsten und angesehensten Kölner wohnten. Vor einem großen und prächtigen Haus hielten sie an.

»Was nun?«, fragte Agnes. »Ich kann ja wohl schlecht anklopfen und fragen, was mit dem Mädchen und ihrem Kind geschehen ist.«

»Hmm ...«, knurrte Mathias nachdenklich. Dabei ließ er seinen Blick schweifen, der schließlich am Glockenturm von St. Kolumba hängen blieb, der größten und schönsten Pfarrkirche Kölns, zu deren Gemeinde auch die Bewohner der Glockengasse gehörten. »Ich hab's«, sagte er. »Wir fragen in der Kirche nach!«

Verwirrt sah ihn Agnes an, folgte ihm aber, als er zielstrebig die Straße hinunterging.

Drinnen trafen sie nur den Küster an, der gerade die Blumen am Altar auswechselte. »Gott zum Gruß, guter Mann«, sagte Mathias, »stimmt es, dass in der letzten Nacht eine Tochter aus vornehmem Hause hier in aller Stille in der Familiengruft beigesetzt wurde? Sie hat in der Glockengasse gewohnt.«

Der Küster erbleichte. »Wer hat das behauptet?«, herrschte er den Schuster an. »Und was geht euch das überhaupt an? Ihr seid weder Verwandte noch gehört ihr überhaupt zu dieser Gemeinde. Also schert euch weg, ehe ich dem Pfarrer von eurer Unverschämtheit berichte.«

Doch jetzt mischte sich Agnes ein. »Und ob uns das etwas angeht. Ich habe das Mädchen in der Nacht von einem Kind entbunden.« Und sie erzählte, was sie erlebt hatte. Eindringlich bat nun auch Mathias: »Ihr seid ein Diener der Kirche. Wenn wirklich ein solches Verbrechen geschehen ist, dann könnt Ihr es doch nicht einfach auf sich beruhen lassen. Außerdem«, setzte er nach einem Augenblick noch hinzu, »wenn Ihr uns nicht helft, müssten wir uns direkt an das Gericht wenden. Sollte dann herauskommen, dass Ihr versucht habt, einen Mord zu vertuschen, könnte das sehr unangenehm für Euch werden.«

Bei diesen Worten wurde das Gesicht des Küsters aschgrau, und er schien plötzlich um Jahre gealtert. »Ihr habt Recht«, sagte er. »Letzte Nacht wurde ein Sarg gebracht, und der Pfarrer hat eine Messe für die Tote gelesen. Man hat mir gesagt, die junge Frau sei schon seit Monaten schwerkrank gewesen und jetzt gestorben. Von einem Kind weiß ich nichts. Aber kommt mit, ich zeige euch, wo sie beigesetzt wurde.«

Er führte sie zu einer prunkvollen Familiengruft, die er mit einem der Schlüssel an seinem großen Schlüsselbund aufschloss. Dann ging er hinein und wies auf einen offensichtlich noch neuen Sarg. »Darin liegt sie. Was wollt ihr jetzt tun?«

Als habe sie Angst, die Toten zu wecken, flüsterte Agnes: »Wir müssen ihn öffnen.« Alle drei waren sich der Ungeheuerlichkeit ihres Tuns bewusst, aber der Küster holte ohne weiteren Widerspruch Werkzeug. Unendlich lang schien die Zeit, bis auch der letzte Nagel entfernt war und der Deckel geöffnet werden konnte. Gemeinsam hoben sie ihn an.

Da stieß der Küster einen Schrei aus und taumelte entsetzt zurück. Auf blutdurchtränkten Kissen ruhten Körper und Haupt des jungen Mädchens, die so geschickt wieder aneinandergefügt waren, dass es aussah, als würde es schlafen. In ihren Armen lag ein Säugling, die Schnur, mit der man ihn erdrosselt hatte, noch um den Hals geknotet.

»Mein Gott, das ... das habe ich nicht gewusst ... nein, wirklich nicht«, stammelte der Küster. »Es kam mir nur seltsam vor, so eine vornehme Familie. Und dann so eine Beisetzung in aller Heimlichkeit. Wenn ich das geahnt hätte ...«

»Dann hättet Ihr genauso wenig tun können wie ich«, sagte Agnes mit Tränen in den Augen. »Wir können nur versuchen zu verhindern, dass etwas derart Schreckliches jemals wieder geschieht. Wir müssen dieses Verbrechen anzeigen und dafür sorgen, dass jeder davon erfährt. Nur so kann den Femegerichten ein Ende gesetzt werden.«

»Den Femegerichten?«, fragte Mathias verwundert.

»Oh, gehört habe ich schon viel von ihnen«, antwortete Agnes, »und nie etwas Gutes. Doch es ist das erste Mal, dass ich die Folgen eines ihrer Urteile mit eigenen Augen sehe. Trotzdem habe ich ihre Existenz nie nur für ein Gerücht gehalten. Es heißt, die Patrizier hätten geheime Gerichte ins Leben gerufen, die Femegerichte eben, damit sie über ihre Ehre wachen. Wer diese verletzt, wird grausam bestraft. Das junge Ding hier hat die Ehre seiner Familie besudelt, weil es ein uneheliches Kind bekommen hat. Sein einziges Verbrechen war, den falschen Mann zur falschen Zeit geliebt zu haben. Und der kleine Knabe hier – seines war wohl, keinen rechtmäßigen Vater zu haben. Als ob er etwas dafür gekonnt hätte ...«

Es gehörte viel Mut dazu, doch die drei gingen noch am selben Tag zum städtischen Gericht und bezeugten, was sie gesehen hatten. Nach anfänglichem Unglauben der Schöffen ergab eine genaue Untersuchung, dass es tatsächlich ein Femegericht gewesen war, welches das junge Mädchen zum Tode verurteilt hatte. Der eigene Vater führte bei der Vollstreckung das Schwert und tötete auch das Neugeborene, seinen Enkel.

Grausen packte die Menschen, als sie davon erfuhren. Eine Woge des Zorns ergriff die Kölner und allerorten war nun zu hören: »Nieder mit den Femegerichten!«

In den kommenden Monaten wurden die Verantwortlichen aufgespürt und verurteilt. Der Vater des Mädchens wurde dem Henker übergeben und das gesamte Vermögen seiner Familie eingezogen, so dass sie den Rest ihres Lebens in Armut und Elend verbringen mussten. Die geheimen Gerichte waren zerschlagen, ihre Schreckensherrschaft beendet.

Als Dank für ihren Mut durften Agnes und Mathias den Beutel mit Goldmünzen behalten, der ihnen einen ruhigen Lebensabend sicherte.

Nur manchmal kam Agnes ins Grübeln und bedauerte die Verwandten der jungen Frau, die nun von allen geächtet waren. Doch dann legte Mathias den Arm um sie und sagte: »Du bist einfach zu gutherzig.

Vergiss nicht: Sie alle haben davon gewusst und zugesehen. Ihre Mutter, ihre Brüder, alle. Keiner von ihnen hat auch nur einen Finger gekrümmt, um sie oder wenigstens das Kind zu retten. Zwei Menschen, die noch ihr ganzes Leben vor sich hatten, mussten wegen ihnen sterben. Verglichen damit ist ihre Strafe gering.

Du konntest das Leben der beiden nicht mehr retten. Dafür war es schon zu spät. Aber zumindest hast du dafür gesorgt, dass solche Gräueltaten in Köln nicht noch einmal im Namen der Ehre und des Rechts verübt werden können.«

wo Gott
ist, da können
un rfen
ufel
seine
n nicht.

Der Teufel im Hahnentor

Wahrer Glaube besiegt selbst den Höllenfürsten.

VON ALLEN GEFÄNGNISSEN DER STADT war in früherer Zeit keines so gefürchtet wie das, welches sich in der Hahnentorburg befand. Denn dort erschien den Inhaftierten, wie man munkelte, allnächtlich um Mitternacht Satan höchstpersönlich, um sie zu drangsalieren, so dass manch einer, der dort untergebracht worden war, schon lange vor seiner Verurteilung dem Wahnsinn verfiel.

Im Jahr 1528 kam Adolf Klarenbach zurück nach Köln, wo er seine Studentenzeit verbracht hatte, um einem Freund beizustehen, der, wie er selbst, die Schriften Martin Luthers studiert und darin viel Gutes gefunden hatte. Die Kölner waren damals jedoch davon überzeugt, dass nur der katholische der wahre christliche Glaube sein könne und verfolgten daher jeden, der eine andere Meinung vertrat, aufs Schärfste. So wurde auch Klarenbach schon bald nach seiner Ankunft festgenommen und der Ketzerei und Gotteslästerung angeklagt. Mehrfach versuchte man, ihn dazu zu bewegen, seinem evangelischen Glauben abzuschwören, doch ohne Erfolg. Da verfiel man, nachdem sich die Verhandlungen und Verhöre bereits Monate hinzogen, auf einen besonders niederträchtigen Plan: Der Gefangene sollte in die Hahnentorburg überführt werden, denn dort, da war man sich sicher, würde der Teufel ihn schon mürbe machen.

Klarenbach selbst sorgte sich nicht wegen seiner Verlegung, obwohl er die Gerüchte um diesen Kerker kannte. Er war überzeugt, dass Gott seine Hand schützend über ihn halten werde.

Trotzdem konnte er in der ersten Nacht kein Auge zutun. Die Pritsche, die ihm als Bett diente, war hart und sein Rücken schmerzte, so dass er sich schließlich erhob und ins Gebet vertieft in seiner Zelle auf und ab ging.

Als es Mitternacht schlug, fuhr er erschrocken zusammen, denn in dem schwachen Schein der einzigen Kerze, die ihm ein mitleidiger Wärter gegeben hatte, stand plötzlich ein Fremder vor ihm. Der große, schwarz gekleidete Mann verschränkte die Arme, funkelte ihn unter seinem breiten Schlapphut an und sagte höhnisch: »Nun, Adolf, wie schmeckt Euch die Gefangenschaft? Das scheint mir ja ein schöner Gott zu sein, der seinen frömmsten Anhängern zu einem solch komfortablen Quartier verhilft!«

Klarenbach tat so, als hätte er nichts gehört, wandte sich ab und begann erneut mit seinen Gebeten. Doch so leicht ließ sich der Fremde nicht abschütteln. Schon stand er neben ihm, beugte sich herab und flüsterte ihm ins Ohr: »Ja, Adolf, recht so! Betet Ihr nur – Ihr seht ja, was Euch das bisher gebracht hat. Nichts als Not, Leid und Verfolgung! Begreift endlich: Gott interessiert sich nicht für die Menschen. Der sitzt dort oben in seinem Himmel und lässt sich anbeten, aber was mit euch Erdengewürm hier geschieht, das ist ihm völlig egal. Studiert Eure Kirchengeschichte und die Heiligenlegenden! Wie viele haben über die Jahrhunderte ihr Leben geopfert für Gott? Und wozu? Hat er euch Menschen jemals ein Zeichen des Dankes gegeben? Nein! In Schweigen hat er sich gehüllt, als ginge ihn das alles gar nichts an.

Vergesst Gott, so wie der Euch schon längst vergessen hat! Schließt Euch mir an, und ich will Euch fürstlich belohnen.«

Da hob Klarenbach wütend den Kopf und schrie: »Niemals! Verschwinde, Satan, denn lieber will ich ein Leben im Elend auf Erden und vielleicht auch einen grausamen Tod, als für irdische Schätze mein ewiges Leben zu verspielen!«

Aber der Teufel ließ nicht locker. »Seid Ihr Euch da so sicher? Wollt Ihr wirklich das hier?« Er wies auf die Zellenwand, die wie ein Fenster den Blick auf eine grausige Szene freigab. Auf einer Hinrichtungsstätte hatten sich Hunderte Menschen versammelt, die pfiffen und johlten, während in ihrer Mitte auf einem Scheiterhaufen ein Mann sich schreiend am Pfahl wand, denn das Feuer hatte gerade begonnen, seine Kleidung zu erfassen. Entsetzt schlug Klarenbach die Hände vors Gesicht, denn er hatte in dem Verurteilten sich selbst erkannt!

»Nun, nun«, meinte der Teufel mit schmeichlerischer Stimme, »so weit muss es ja nicht kommen. Folgt mir, und Eure Zukunft könnte ganz anders aussehen. Schaut her!«

Vorsichtig lugte der fromme Mann zwischen den Fingern hindurch. Das Bild, das sich ihm nun bot, war ein friedliches. Er sah sich auf ein großes Haus zugehen, aus dem ihm drei Kinder unterschiedlichen Alters entgegenrannten, die fröhlich »Papa! Papa!« und »Mama, der Vater ist zurück!« riefen. Im Türrahmen lehnte eine wunderschöne Frau, die glücklich lächelte und ihn, als er bei ihr ankam, liebevoll in die Arme schloss.

»Das reicht!«, sagte er mit fester Stimme, wandte sich von seinem unheimlichen Gast ab, ging zu dem Kamin, der im Winter die Zelle heizte, und fischte aus der Asche ein kleines Kohlestückchen. Der Teufel redete weiter auf ihn ein und malte ihm in immer schillernderen Farben aus, wie gut es ihm einst gehen werde, wenn er sich nur entscheiden könnte, Gott den Rücken zu kehren, während Klarenbach die Kohle sorgfältig mit einem Löffel auf seinem Teller zerkleinerte. Als er damit fertig war, goss er etwas Wasser aus seinem Krug darüber und verrührte alles zu einem schwarzen Brei, in den er den Finger tunkte. Damit begann er, etwas an die Zellenwand zu schreiben, auf der die Trugbilder erschienen waren.

Neugierig blickte ihm Satan über die Schulter, doch schon im nächsten Moment stieß er ein zorniges Zischen aus, wie eine gereizte Schlange. Dort stand nämlich: »Wo Gott ist, da können und dürfen der Teufel und seine Dämonen nicht bleiben!« Triumphierend setzte Klarenbach mit zwei Strichen ein großes Kreuz darunter. Kaum jedoch war der zweite Strich getan, schien die ganze Hahnentorburg von einem Donnerschlag erschüttert zu werden, und der Höllenfürst verschwand mit einem erbosten Kreischen. Nur ein leichter Schwefelgeruch in der Luft erinnerte noch eine Weile an seinen Besuch.

Einige Zeit später wurde Adolf Klarenbach tatsächlich als Ketzer auf dem Scheiterhaufen verbrannt, denn er weigerte sich bis zuletzt standhaft, von seinem Glauben zu lassen.

Der Teufel aber erschien nie wieder in der Hahnentorburg, um die Gefangenen mit seinen Verlockungen zu quälen.

Vollmond überm Eigelstein

Wahrer Unschuld und Frömmigkeit kann auch der stärkste Werwolf auf Dauer nicht widerstehen.

ENDE DES SECHZEHNTEN JAHRHUNDERTS gab es eine Zeit, da häuften sich in Köln die Berichte über auf den Weiden gerissene Tiere, und Menschen erzählten, sie seien von einem Wolf angefallen worden. Dies geschah besonders häufig bei Vollmond, und so gelangte man schließlich zu der Überzeugung, dass es sich um einen Werwolf handeln müsse, der unerkannt in der Stadt wohnte. Doch obwohl von nun an jeder den anderen argwöhnisch beobachtete, gelang es nicht herauszufinden, wer der Übeltäter war.

Im Norden, nahe der Eigelsteintorburg, lebte der Bauer Peter Stumpf, dem zahlreiche Felder vor den Toren Kölns gehörten, auf denen er hauptsächlich Kohl anbaute. War er schon früher ein mürrischer und unleidlicher Mensch gewesen, so hatte sich seine Miene noch weiter verfinstert, als seine Frau vor einem Jahr nach langer Krankheit gestorben war. Und seitdem letzten Monat der Werwolf seinen einzigen Sohn zerfleischt hatte, war gar kein Auskommen mehr mit ihm.

Seine Tochter Barbara hingegen, die bei ihm lebte und für ihn sorgte, war das ganze Gegenteil vom Vater. Mit ihrer ansteckenden Fröhlichkeit war sie die Einzige, die ihm doch noch hin und wieder ein

Lächeln entlocken konnte, und fromm und tugendhaft war sie obendrein.

Viele Tage verbrachte sie mit ihm draußen auf den Feldern, denn mit seinem Missmut vertrieb er früher oder später jeden Knecht, den er anheuerte. Sie aber ließ sich die gute Laune nicht verderben, konterte jede brummige Bemerkung mit einem Scherz und ertrug die schwere Arbeit bei Wind und Wetter ohne Klagen.

Heute waren sie schon früh hinausgegangen, denn Raupen und Schnecken mussten vom Kohl gelesen werden, damit sie ihnen nicht die Ernte zerstörten. Den ganzen Tag arbeiteten sie in der Hitze, bis sie schließlich jedes Zeitgefühl verloren hatten und sich nur noch erschöpft von einer Feldreihe zur nächsten schleppten, den Rücken gebeugt und den Blick auf die Pflanzen gesenkt, auf der Suche nach Fraßspuren und Ungeziefer.

Endlich richtete sich Peter stöhnend auf, legte die Hände in den Rücken und reckte sich. Dabei ließ er seinen Blick zum Horizont schweifen. Es war schon spät. Die Sonne würde bald untergehen. Gerade wollte er Barbara zurufen, dass er für heute Schluss machen wolle, da fiel sein Blick auf den Mond, der sich, obwohl es noch gar nicht dunkel war, groß und rund den Himmel hinaufschob. Hätte seine Tochter sich in diesem Moment umgedreht, dann hätte sie gesehen, wie Entsetzen sein Gesicht zu einer Grimasse verzerrte. Schnell hatte er sich jedoch wieder im Griff. Noch etwas barscher als sonst rief er: »Barbara, pack die Sachen zusammen! Es wird bald dunkel!«

Das Mädchen blickte auf. »Aber Vater, ich dachte, wir machen die paar Reihen noch zu Ende …«

»Das hat Zeit bis morgen«, herrschte Peter sie an. »Pack die Sachen zusammen und geh sofort in die Stadt zurück. Der Mond geht auf. Du weißt, was beim letzten Vollmond passiert ist. Ich will dich nicht auch noch verlieren!« Unruhig begann er, sich die Arme zu reiben, als hätte er in einen Strauch Nesseln gepackt.

»Ja, kommst du denn nicht mit heim?«, fragte Barbara verwundert.

»Nein, dafür ist es schon …« Hastig schluckte er die letzten Worte hinunter. Fast hätte er sich verplappert! Seine Tochter durfte auf keinen Fall die Wahrheit erfahren, denn dann würde er auch noch den letzten Menschen verlieren, der ihm etwas bedeutete. »Ich … ich muss noch etwas erledigen«, stammelte er. »Ich komme später nach. Mach dir keine Gedanken um mich.«

Zögernd begann das Mädchen, das Gartengerät in seinen Korb zu packen, während Peter sich nun auch an Brust und Bauch kratzte, als hätte jemand einen Sack Flöhe über ihm entleert. »Nun mach schon, du Transuse«, trieb er sie zur Eile an.

Endlich hatte sie alles beisammen. »Willst du nicht doch mitkommen?«, fragte sie vorsichtig.

»Nein!« knurrte Peter wütend zurück. »Du gehst alleine. Ich habe meine Gründe. Mehr kann ich dir nicht sagen. Los jetzt, mach dich auf den Weg!«

Als sie sich aber der Straße zuwandte, hielt er sie noch einmal kurz zurück. »Barbara, sollte dir der Wolf begegnen – nimm deine Schürze und wirf sie ihm über den Kopf. Das wird ihn aufhalten.« Dann drückte er ihr einen Abschiedskuss auf die Stirn, wandte sich ab und stapfte, ohne sich noch einmal umzublicken, auf ein nahe gelegenes Dickicht zu.

Einen Moment sah Barbara ihm nach. Was er dort wohl suchte? Und wie seltsam er sich überhaupt benahm. Warum wollte er denn nicht mitkommen? Da sie aber wusste, dass ihr Vater nur noch wütender würde, wenn er ihr Zögern bemerkte, tat sie schweren Herzens, was er ihr befohlen hatte, und machte sich auf den Heimweg.

Nach einigen Minuten erklang hinter ihr ein grauenerregendes Heulen, als käme es geradewegs aus den Tiefen der Hölle, so viel Verzweiflung schien darin zu liegen. Erschrocken drehte sie sich um. In der Ferne, bei dem Dickicht, in dem ihr Vater verschwunden war, sah sie eine Bewegung. Was war das? Ein streunender Hund vielleicht. Oder Schlimmeres …

Das Herz schlug ihr bis zum Hals, als sie ihren Schritt beschleunigte. Sie wagte es nicht zu rennen, denn sie fürchtete, damit die Aufmerksamkeit des Tieres auf sich zu lenken. Trotzdem hörte sie schon bald ein verräterisches Knacken – die Bestie war ihr dicht auf den Fersen. Voller Angst drehte sie sich um.

Der Wolf hielt an. Breitbeinig stand er mitten auf der Straße und starrte aus blutunterlaufenen Augen zu ihr hoch. Ihr Blick schien ihn zu verunsichern. Er klemmte den Schwanz zwischen die Beine und setzte sich. Ein leises Winseln entrang sich seiner Kehle und steigerte sich langsam zu jenem fürchterlichen Heulen, das ihr schon vorhin seine Anwesenheit verraten hatte.

Langsam und vorsichtig ging sie rückwärts, wobei sie unauffällig versuchte, das Schürzenband auf ihrem Rücken zu lösen.

Allmählich verstummte der Klagelaut. Stattdessen vernahm sie ein leises Knurren. Das Tier stand auf, seine Nackenhaare sträubten sich und es fletschte die Zähne. Gerade noch im letzten Moment, als es bereits zum Sprung ansetzte, gelang es Barbara, sich die Schürze vom Leib zu reißen und sie, wie der Vater ihr geraten hatte, über den Werwolf zu werfen. Sofort verbiss er sich voller Wut darin. Das war ihre Rettung, denn es verschaffte ihr die Zeit, die sie brauchte um, so schnell ihre Füße sie trugen, das Stadttor zu erreichen.

Die Wachen staunten nicht schlecht, als sie keuchend vor Anstrengung an ihnen vorbeirannte. Doch als sie sich umwandte, um sie vor dem Ungeheuer zu warnen, lag die Straße friedlich und verlassen in der Dämmerung vor ihr. Der Wolf war verschwunden.

Müde und traurig schleppte sie sich nach Hause. Was mochte mit Vater sein? Ob er überhaupt noch lebte? Warum nur war er nicht mitgekommen?

Die ganze Nacht hielt die Sorge sie wach, und immer wieder betete sie zu Gott und der Jungfrau Maria, dass sie ihr nach Mutter und Bruder nicht auch noch den Vater nahmen.

Im Morgengrauen endlich öffnete sich die Haustür. Das Haar wild zerzaust und die Kleider zerrissen stolperte Peter herein. Mit einem Freudenschrei sprang Barbara auf, rannte zu ihm und schlang die Arme um seinen Hals. »Gott sei Dank, Vater! Ich hatte gefürchtet, dich nie mehr wieder zu sehen!«

Plötzlich jedoch erstarrte sie. Aus seinem Bart zog sie einen kleinen Stofffetzen, der sich darin verfangen hatte. »Das ist doch ...«

Peter sank auf einen Stuhl und vergrub das Gesicht in den Händen. »Irgendwann musste es ja herauskommen«, schluchzte er. »Geh nur! Geh zu den andern und erzähle es ihnen, damit sie mich erschlagen wie ein wildes Tier. Ich habe es nicht besser verdient.«

»Du bist ...?«

»Ja, ich bin der Werwolf. Sprich es ruhig aus. Jetzt, wo du den Fetzen von deiner Schürze erkannt hast, kann ich dir auch gleich alles gestehen.« Mit Tränen in den Augen erzählte er ihr, wie er damals, als seine Frau im Sterben lag, auf dem Feld von einem Wolf angefallen wurde, den er jedoch mit einer Hacke in die Flucht schlagen konnte. Nur eine kleine Verletzung am Unterarm hatte er bei dem Kampf davongetragen. In dieser Zeit, da sie schon genug Kummer hatten, wollte er seine Familie nicht mit der Geschichte ängstigen und hatte den Vorfall verschwiegen. Doch beim nächsten Vollmond merkte er, wie er seltsam unruhig wurde. Dabei juckte es ihn am ganzen Körper, dass er sich fast nicht mehr zu helfen wusste. Und als er ins Bett ging, entdeckte er auf Armen und Beinen einen dichten Haarflaum, der am nächsten Morgen wieder verschwunden war. Von da an wurde es mit jedem Monat schlimmer, bis er sich schließlich ganz in einen Wolf verwandelte. Anfangs behielt seine menschliche Natur noch die Oberhand, und er vermochte seinen Blutdurst zu stillen, indem er wilde Tiere riss. Doch der Werwolf in ihm wurde mit jedem Mal stärker und zwang ihn in die Nähe der Menschen.

Dann geschah das absolut Unvorstellbare, Entsetzliche, Grauenhafte: Er war beim nächtlichen Streifzug seinem Sohn begegnet, der auf dem Heimweg von Verwandten in einem Nachbarort war. Er hatte es nicht gewollt, hatte versucht, sich dagegen zu wehren, doch plötzlich war er nur noch hilfloser Beobachter, der aus den Augen des Wolfes mit ansehen musste, wie sein eigen Fleisch und Blut angefallen, zerfleischt und getötet wurde. Wie betäubt war er an jenem Morgen nach Hause geschlichen, während Barbara noch tief und fest schlief und nichts Böses ahnte. Immer wieder hatte er in den folgenden Tagen daran gedacht, sich das Leben zu nehmen. Doch was sollte dann aus seiner Tochter werden, dem einzigen Kind, das ihm geblieben war? Er konnte sie doch nicht einfach im Stich lassen …

Aber gestern hätte er um ein Haar auch sie noch getötet. Das musste ein Ende haben! Wenn Barbara nicht die Nachbarn holen wollte, damit sie ihn vor Gericht schleiften oder in ihrem Zorn auf der Stelle erschlugen, dann würde er eben in den Rhein gehen. Nie wieder durfte er am Tod eines Menschen schuldig werden!

Schon wollte er aufspringen und hinauslaufen, um allen seine schrecklichen Verbrechen zu offenbaren, aber Barbara hielt ihn fest.

»Nein, Vater. Bleib! Es muss einen Weg geben. Dich trifft nicht wirklich eine Schuld. Du hast doch selbst gesagt, dass du als Wolf keinen Einfluss mehr auf deine Handlungen hattest. Man darf dich nicht für etwas verurteilen, wofür du nicht kannst! Ich bin mir sicher, dass es irgendwo jemanden gibt, der helfen kann.«

Erst wollte er zwar nicht auf sie hören, lenkte aber schließlich ein, als er merkte, wie ernst es ihr damit war, Hilfe für ihn zu finden.

Am nächsten Morgen ging Barbara zu einem Priester und vertraute sich ihm unter dem Schutz des Beichtgeheimnisses an. Von ihm bekam sie zwei silberne Kreuze. Das eine legte sie an einer Kette um ihren Hals, das andere gab sie ihrem Vater, der es nun Tag und Nacht trug. Als der nächste Vollmond nahte, schloss sie ihn in seinem Schlafzimmer ein, damit er nicht entkommen konnte. Die ganze Nacht hielt sie bei seiner Tür Wache. Als sie am Morgen aufschloss, lag er müde und erschöpft auf seinem Bett, warf ihr aber einen dankbaren Blick zu. »Du hast mich gerettet, mein Kind! Das Kreuz hat wie Feuer auf meiner Haut gebrannt, aber ich habe mich nicht verwandeln können, so sehr der Wolf in mir es auch wollte.«

In den nächsten Monaten nahm die Macht des Wolfes über ihn weiter ab, bis er schließlich bei Vollmond nur noch eine leichte Unruhe empfand, wie sie auch mancher andere um diese Zeit spürt. Peter nutzte sein ihm wiedergeschenktes Leben, um so viel Gutes zu tun wie nur möglich. Er war zwar noch immer verschlossen und trug schwer an dem Kummer um seinen Sohn, doch wer in Not war, fand bei ihm ein offenes Ohr und hilfsbereite Hände.

Barbara blieb bei ihm, bis er fünf Jahre später starb. Immer wieder hatte er sie in dieser Zeit gedrängt, doch einen der vielen Freier zu erhören, die sie nur allzu gern zur Frau gehabt hätten. Sie jedoch wies jeden von ihnen freundlich, aber bestimmt ab.

Das silberne Kreuz gab Barbara ihm mit ins Grab. Danach verkaufte sie all ihren Besitz und ging ins Kloster, denn das hatte sie Gott gelobt, wenn er ihren Vater retten würde.

Der letzte Heinzelmann

Ein wehrhafter Heinzelmann schlug einst üble Faulpelze in die Flucht.

IM SÜDEN KÖLNS, nicht weit vom Bayenturm entfernt, befand sich früher einmal einer der größten Gutshöfe der Stadt, »Zum Pützchen« genannt. Dort lebte ein seltsamer Hausgeist, dem die Kinder den Spitznamen Huppet Huhhot verliehen hatten. »Huhhot« bezeichnete den hohen roten Hut, der seine Tarnkappe war. Und »Huppet« hieß er, weil er stark humpelte, was auf den Holzdielen des Hauses wie ein leises »hubbedihup, hubbedihup« klang. Die wenigen, die ihn je zu Gesicht bekamen, erzählten, er sehe wie ein sehr kleiner, sehr alter Mann mit langem Bart aus. Daher munkelte man auch, dass er das letzte noch in Köln verbliebene Heinzelmännchen sei, eines jener hilfreichen Wesen, die die Schneidersfrau einst durch ihre übergroße Neugier vertrieben hatte. Vielleicht hatte er sich damals ja beim Sturz auf der Treppe so sehr verletzt, dass er den anderen nicht mehr zu folgen vermochte?

Drei Dinge konnten diesen Hausgeist zur Weißglut treiben: Faulheit, Unordentlichkeit und Undank. Menschen mit solchen Charaktereigenschaften machte er das Leben zur Hölle. Und wehe der armen Magd, die womöglich vergaß, ihm seinen allabendlichen Teller Milch oder Grütze auf die Treppe zu stellen! Ansonsten aber war er liebenswert und half gern, wo immer sich eine Gelegenheit dazu bot.

Eines Tages saß Huppet Huhot unsichtbar auf der Mauer, wo er sich im strahlenden Schein der Herbstsonne eine kurze Pause gönnte. Da sah er, wie der Gutsherr mit fünf neuen Knechten heimkehrte. Sorgenvoll wiegte er den Kopf hin und her. Dass diese jungen Burschen nichts taugten, das sah man ihnen schon von weitem an. Aber es war Erntezeit, alle Bauern der Gegend brauchten zusätzliche Helfer, und so war es schwer, gute Leute zu bekommen.

Misstrauisch schlich er den Männern hinterher und sah zu, wie sie sich in ihrem Quartier häuslich einrichteten. Hatte er es sich doch gedacht: Kaum war ihre geringe Habe verstaut, holte einer von ihnen einen Bierkrug hervor, ein anderer ein Kartenspiel. Minuten später schienen sie die Welt um sich herum vergessen zu haben. Als der Herr schließlich nachsehen kam, wo sie denn blieben, war er höchst verärgert, sie ins Spiel vertieft vorzufinden, doch die fünf waren der Meinung, man müsse ja nichts übereilen. Schließlich seien sie gerade erst angekommen, und etwas Spaß müsse im Leben auch sein.

In den nächsten Tagen bestätigten sich Huppets schlimmste Befürchtungen. Immer wieder gelang es den Knechten, sich vor der Arbeit in einer Scheune oder hinter einem Heuschober zu verstecken, unbemerkt ein Nickerchen zu halten oder den einen oder anderen Schluck aus dem Bierkrug zu nehmen. So durfte das nicht weitergehen, das würde er diesen Taugenichtsen schon beibringen!

Doch wie sehr sich der kleine Wicht auch abmühte, die arbeitsscheuen Kerle mit unsichtbaren Schlägen und Püffen aus ihren Verstecken trieb, ihnen Bier und Karten versteckte und sie drangsalierte, wo er nur konnte – sie waren einfach unbelehrbar!

Trotzdem blieben seine Nachstellungen nicht ohne Folgen. Als die fünf eines Abends heimkehrten und feststellen mussten, dass der zornige Hausgeist ihre Bierkrüge ausgegossen und die Spielkarten in die Lache geworfen hatte, so dass sie aufgequollen und unbenutzbar waren, beschlossen sie, den lästigen Kerl irgendwie loszuwerden. Aber wie?

Lange diskutierten sie ratlos hin und her, bis Gerbrand, der jüngste von ihnen, eine Idee hatte. Aufgeregt zerrte er seinen Beutel unter dem Bett hervor, wühlte darin herum und hielt schließlich triumphierend ein kleines schwarzes Büchlein hoch. »Hier!«, rief er. »Damit werden wir ihn los! Garantiert!«

»Was denn«, brummte der dicke Rüdiger, »willst du ihn damit vielleicht erschlagen?«

Verärgert übertönte Gerbrand mit lauter Stimme das allgemeine Gelächter. »Ihr Dummköpfe! Das ist ein ganz besonderes Buch. Meine Großmutter hat es mir auf dem Sterbebett vermacht. Es enthält Sprüche, mit denen man Geister beschwören kann.«

»Na toll«, meinte Bertram, dem man schon an der roten Nase ablesen konnte, dass er sich lieber im Wirtshaus als auf dem Feld aufhielt. »Als ob wir an dem einen nicht schon genug hätten. Was soll das denn bringen, noch weitere zu beschwören?«

»Ihr habt von so was wohl gar keine Ahnung«, sagte Gerbrand. »Beschwören heißt doch nur, dass man sie herbeiruft. Und dann kann man sie auch bannen. Also wegschicken, so dass sie nie mehr zurückkommen können. Wenn wir den Huppet Huhhot beschwören und er vor uns erscheint, belegen wir ihn einfach mit einem Bann. Dann haben wir ein für allemal Ruhe vor ihm. Wie das geht, ist hier genau beschrieben.«

Nun schaltete sich Wasmut ein, der sich, bedächtig wie er war, bisher zurückgehalten hatte. »Es gibt aber ein Problem. Wer von uns kann denn lesen?«

Einen Augenblick herrschte betretenes Schweigen. Dann sagte Gerbrand zögernd: »Na ja, meine Großmutter hat mir ein bisschen was beigebracht. Ich hab es zwar lange nicht mehr probiert, weil, wozu braucht man so was schon, aber ich glaube, ich könnte das entziffern. Wird halt nur etwas dauern.«

Sie kamen also überein, es zu versuchen. Die nächsten Tage verbrachte Gerbrand jede freie Minute damit, mühsam die nötigen Sprüche zusammenzubuchstabieren und auswendig zu lernen, um sie dann abends seinen Freunden beibringen zu können. In seinem Auftrag organisierte der schöne Bertram, der sich mit den Dienstmädchen in der Küche besonders gut verstand, fünf Kerzen, und der lange Lambert stahl ein Stück Kreide.

Als sie endlich alles beisammen hatten, stellte sich nur noch die Frage, welcher Ort wohl für die Beschwörung der geeignetste wäre. Da sie um die Zeit der Geisterstunde stattfinden musste und die Freunde dabei nicht gestört werden durften, gab es keine große Auswahl, und man einigte sich schnell auf den Keller.

Schon am nächsten Tag schlichen sie kurz vor Mitternacht auf Zehenspitzen durch das Haus und die Kellertreppe hinunter. Lambert malte mit der Kreide erst einen Kreis auf den Boden und dann einen fünfzackigen Stern in diesen hinein. Bertram zündete die Kerzen an und stellte eine auf jeden Zacken des Sterns. Schließlich schärfte Gerbrand ihnen noch einmal ein, dass sie sich bei dem nun folgenden Zauber ganz fest an den Händen halten mussten und keiner, egal was auch geschehen sollte, den anderen loslassen durfte, denn sonst wäre ihr magischer Kreis durchbrochen, und sie verlören im selben Augenblick die Macht über den Hausgeist. Dann stellten sie sich auf, reichten sich die Hände und begannen, die rätselhaften Beschwörungsformeln zu murmeln, die Gerbrand ihnen beigebracht hatte.

Natürlich hatte Huppet längst mitbekommen, was seine Widersacher planten. Zuerst war ihm der Schreck mächtig in die Glieder gefahren, doch nachdem er ihnen genau zugehört hatte, war in ihm ein Plan gereift, wie er ihnen doch noch entkommen konnte. Schließlich schrieb ihm nichts und niemand vor, in welcher Gestalt er sich den Beschwörern zu zeigen hatte …

Als die Knechte die letzten Worte ihres Zaubers sprachen, merkten sie, wie die Luft um sie herum kälter wurde. Doch damit nicht genug. Ein markerschütterndes Heulen und Jaulen erfüllte plötzlich den Raum, und in ihrer Mitte erschien ein entsetzlich anzuschauender Dämon, dem der Geifer aus dem Maul troff, während er seine rotglühenden Augen von einem zum andern gleiten ließ.

Ausgerechnet der sonst so ruhige Wasmut verlor als Erster die Fassung. Voller Angst riss er die Arme hoch und schlug die Hände vors Gesicht.

Das hätte er besser nicht tun sollen, denn damit zerstörte er den Bannkreis, gerade so, wie Huppet es gehofft hatte. Solchermaßen befreit ließ der Hausgeist seinem Zorn freien Lauf und schlug und prügelte auf die fünf ein, bis sie grün und blau waren und ihr Heil in der Flucht suchten. Keine Sekunde länger wollten sie mehr auf diesem verfluchten Hof bleiben! Sie griffen sich nur ihre Beutel und rannten an dem völlig verdutzten Gutsherrn, der von dem Lärm geweckt worden war, vorbei, als sei ihnen der Teufel höchstpersönlich auf den Fersen.

Diese Geschichte sprach sich schnell herum, und seit jenem Tag wurde »Zum Pützchen« von allen gemieden, die nicht gern arbeiteten. Der letzte Heinzelmann aber lebte dort noch viele Jahre, bis der Hof schließlich abgerissen wurde. Wohin er danach ging, weiß niemand genau zu sagen. Vielleicht schloss er sich wieder den anderen Heinzelmännern an. Vielleicht aber stimmt es ja auch, dass er nur bis in die Wahner Heide zog, wo die Menschen ihn nicht stören und er in Ruhe seiner Lieblingsbeschäftigung, dem Kegeln, nachgehen kann. Denn, so heißt es, manchmal kann man in mondheller Nacht über der Heide ein dumpfes Grollen hören. Das ist der Huppet Huhhot mit seinem Kegelspiel.

Das Ungeheuer auf dem Elendsfriedhof

Wer Geister und Höllenhunde fürchtet, sollte Friedhöfe nach Einbruch der Dunkelheit meiden.

DIETRICH UND RUPERT WAREN BEIDE KAUFLEUTE, und aus ihrer Geschäftsbeziehung war im Laufe der Jahre eine echte Freundschaft geworden. So hatte Rupert, der aus geschäftlichen Gründen nach Köln gekommen war, wieder einmal die Gelegenheit genutzt, das Nützliche mit dem Angenehmen zu verbinden, und den Abend mit fröhlicher Plauderei bei seinem Freund verbracht.

Langsam erhob er sich nun. »Dietrich, habt Dank für Eure Gastfreundschaft. Und richtet auch Eurer Frau noch einen Gruß von mir aus. Die Bewirtung war, wie immer, köstlich. Doch es ist spät geworden, und ich will zum Gasthof zurückkehren.«

Dietrich zögerte. »Rupert, wollt Ihr wirklich zu dieser Stunde noch alleine durch die dunkle Nacht? Irmgard hat Euch bereits ein Bett herrichten lassen. Ihr könnt gerne bleiben.«

Doch Rupert lachte nur. »Ich fürchte mich doch nicht vor der Dunkelheit. Und so weit ist der Weg auch nicht. Nein, nein, lasst es gut sein. Ich will Euch nicht zur Last fallen.«

»Aber … Ihr müsst am Elendsfriedhof vorbei.«

»Na und? Meint Ihr etwa, dass ich mich vor Gespenstern fürchte? Außerdem ist es noch nicht einmal Mitternacht. Spukgestalten sind also nicht zu erwarten.«

»Nein, Rupert, das meinte ich auch nicht. Aber heute ist die Andreasnacht, und da geschehen, wie es heißt, auf dem Elendsfriedhof gar seltsame Dinge, so dass jeder Kölner lieber einen großen Bogen um diese Begräbnisstätte der Fremden, Ketzer und Andersgläubigen macht. Deshalb wäre es mir lieber, Ihr würdet das Nachtlager bei mir annehmen, als Euch dort hinauszuwagen.«

Nun war Ruperts Neugier geweckt. »Sagt an, Dietrich, was geschieht denn in dieser Nacht? Spannt mich nicht auf die Folter, denn Ihr wisst, dass ich unheimliche Geschichten immer gerne höre.«

Der andere runzelte die Stirn. »Ihr solltet diese Dinge nicht auf die leichte Schulter nehmen, mein Lieber. Zugegeben, das eine oder andere spinnt sich das einfache Volk mit seiner überhitzten Fantasie zusammen. Aber es gibt auch so manches Unerklärliche, was sich tatsächlich zuträgt. In diesem Fall kenne ich persönlich zwei Leute, die dem Ungeheuer auf dem Elendsfriedhof begegnet sind. Paula, unsere Schneiderin, hat es vor einigen Jahren gesehen. Seit jener verhängnisvollen Nacht sind ihre Haare schlohweiß, obwohl sie noch jung ist. Dann gibt es noch den alten Alfrad, den Ihr selbst vielleicht schon einmal gesehen habt. Er bettelt oft am Dom um ein Almosen.«

Rupert dachte einen Moment nach. »Meint Ihr den Alten mit dem Buckel, der den Kopf so schief hält, als wollte er ständig über die Schulter schauen?«

»Genau den meine ich. Bevor er dem Geisterhund begegnete, war er ebenso gerade gewachsen wie Ihr oder ich.«

»Geisterhund?«

»Ja, so wird die Erscheinung allgemein genannt. Obwohl diese Bestie mit einem normalen Hund ungefähr so viel Ähnlichkeit hat wie ein Kaninchen mit einem Braunbären. Es heißt, sie habe die Form eines Hundes, sei aber so groß wie ein Kalb, mit Augen wie rot glühende Untertassen. Sie treibt sich in der Andreasnacht auf dem Friedhof herum und zerwühlt die Gräber, weshalb das Gerücht geht, es sei die Seele eines alten Geizkragens, der einst dort wohnte und nun nach seinen Schätzen sucht. Aber genau weiß das niemand. Wird man vom Geisterhund entdeckt, dann hilft nur noch Rennen. Dabei darf man sich auf keinen Fall umdrehen, sonst ergeht es einem wie dem alten Alfrad: Der Hund springt einem auf den Rücken und verdreht einem den Hals, dass er nie wieder gerade wird.«

»Eine eindrucksvolle Geschichte«, meinte Rupert. »Aber eben wohl auch nur das. Ich glaube nicht, dass es solche Dämonen wirklich gibt. Nein Dietrich, mich überzeugt das alles nicht. Alfrad kann seinen verkrümmten Körper auch durch eine Krankheit bekommen haben. Und was Paula betrifft, so gibt es viele Menschen, die schon in jungen Jahren, manchmal buchstäblich über Nacht, ergrauen. Also, nichts für ungut, lieber Freund, aber ich mache mich jetzt auf den Heimweg.« Und spöttisch fügte er noch hinzu: »Sollte ich dabei allerdings tatsächlich Eurem Geisterhund begegnen, werde ich ihm gerne schöne Grüße von Euch ausrichten.«

Dietrich sah, dass er seinen Gast nicht umstimmen konnte, und ergab sich in das Unvermeidliche. Er geleitete ihn hinaus und wünschte ihm eine gute Nacht. Sorgenvoll schloss er die Tür. Wenn das nur gut ging!

Rupert hingegen machte sich fröhlich auf den Weg. Was für einen Blödsinn die Leute sich manchmal zusammenfantasierten! Einfach unglaublich, dass selbst ein kluger Mann wie Dietrich darauf hereinfiel.

Laut hallten seine Schritte durch die menschenleere Straße. Am Himmel prangte ein prächtiger Vollmond und ein laues Lüftchen wehte. Gerade das richtige Wetter für einen ausgiebigen Nachtspaziergang nach dem üppigen Mahl und dem Wein, dem sie recht ordentlich zugesprochen hatten.

Doch was war das?

Vor ihm lag die Kirche St. Gregor, zu der der Elendsfriedhof gehörte. Von dort, wo die Dunkelheit am dichtesten war, erklangen seltsame Geräusche. Ein Schnauben, Schnaufen und Schnüffeln, unterbrochen von gelegentlichem Knurren. Dann wieder hörte es sich an, als ob Erde auf trockenes Laub prasselte.

Wie angewurzelt blieb der Kaufmann stehen und starrte in die Finsternis. Da! Zwei Lichter, wie rot glühende Kohlen, bewegten sich auf ihn zu. Das Knurren wurde immer lauter und bedrohlicher. Das musste der Geisterhund sein!

Hastig machte er auf dem Absatz kehrt und rannte los. Dabei dachte er nur eines: »Nicht umdrehen! Auf gar keinen Fall umdrehen!« Schon bald verspürte er den heißen Atem des Ungeheuers in seinem Rücken. Die Todesangst schien ihm Flügel zu verleihen, obwohl ihn von der ungewohnten Anstrengung bei jedem Atemzug die Seite schmerzte, als fahre ein Messer hinein. Kurz vor dem Haus seines Freundes verspürte er einen heftigen Ruck und hörte das Reißen von Stoff. Das Untier hatte ihm einen Fetzen aus dem Mantel gerissen!

Wie von Sinnen warf er sich gegen die Haustür und trommelte mit den Fäusten dagegen. Im nächsten Augenblick wurde ihm aufgetan, und mehr tot als lebendig taumelte er hinein. Erschrocken blickte Dietrich auf das totenbleiche Gesicht des Freundes und seine zerfetzte Kleidung.

Mit zitternder Stimme bat Rupert: »Kann … kann ich … vie … vielleicht doch heute … bei Euch übernachten?«

Dietrich nickte: »Aber sicher. Und mir scheint, ein Gläschen Schnaps zur Beruhigung wäre vor dem Schlafengehen auch nicht verkehrt.«

»G…gerne«, stammelte Rupert. »So…solange Ihr mir dabei n…nicht wieder … irgendwelche Gruselgeschichten erzählt.«

Verfluchte Stadt

Nicht nur das Wünschen, sondern auch das Fluchen sollte gut überlegt sein. In diesem Fall hätte ein wenig Ortskenntnis allerdings helfen können.

MIT VOR ANSTRENGUNG GERUNZELTER STIRN schwankte Eberwin am Wächter des Weyertores vorbei, aus der Stadt hinaus. Trotz aller Konzentration wollte es ihm nicht gelingen, gerade zu gehen. Stockfinster war es außerdem, und da er nicht erwartet hatte, so lange in Köln zu sein, hatte er keine Laterne mitgenommen. Hätte er nicht seinen Stab dabei gehabt, auf den er sich stützen konnte, wäre er wahrscheinlich schon nach den ersten Schritten im Straßengraben gelandet.

Ärgerlich brummelte er vor sich hin. Dabei hätte es ein richtig schöner Tag sein können. Na ja, eigentlich war es das ja auch gewesen, denn er hatte gar nicht damit gerechnet, seine Kuh für so einen guten Preis zu verkaufen. Der Kerl war jedoch offensichtlich sehr unerfahren. Eberwin versuchte es daher einfach – mit Erfolg! Nicht, dass er den Mann betrogen hätte. Das würde er nie tun. Aber was er verlangte, war auf jeden Fall die oberste Grenze dessen gewesen, was das Tier wert war. Mit einem Lächeln dachte er an jenen glücklichen Moment zurück, wo Geld und Kuh die Besitzer wechselten.

Ach, wäre er doch nur gleich nach Hause gegangen! Aber nein, ganz benommen von seinem Erfolg musste er ja unbedingt noch eine Weile über den Markt schlendern.

Dabei war er Balthasar begegnet. Als er dem Freund von seinem gelungenen Handel erzählte, hatte der ihm auf die Schulter geklopft und gemeint: »Kumm, dat müsse mer fiere!« Und das war gewissermaßen der Anfang vom Ende gewesen. In der Schänke gesellten sich schon bald noch andere dazu, die mit Eberwin anstoßen wollten. Nur allzu schnell verlor er den Überblick darüber, wer wann welche Runde bestellt hatte. Von »Op einem Bein kannste doch nit stonn« waren sie irgendwann bei »Och, stell disch nit esu an, eine jeht noch« angelangt. Als ihm der Wirt schließlich die Rechnung präsentierte, fuhr ihm der Schreck eiskalt in die Glieder.

Wer waren denn überhaupt all diese Leute, mit denen er da getrunken hatte, als kenne er sie schon ein Leben lang? Mindestens zwei Drittel von ihnen hatte er noch nie zuvor gesehen. Typisch Kölner – wenn es irgendwo etwas umsonst gab, waren sie gleich dabei. Aber wehe, wenn es ans Bezahlen ging! Und er durfte jetzt sehen, wie er das seiner Mechthild erklärte. Die hatte sich bestimmt schon eine ordentliche Strafpredigt für ihn zurechtgelegt, denn sie wusste ja: Wenn er so spät heimkehrte, konnte das nur eines bedeuten …

Dabei waren doch hauptsächlich die anderen schuld gewesen. Alleine hätte er nie so viel getrunken. Und wie sie ihn alle behandelt hatten, als sei er ihr bester Freund … Die hatten in ihm doch nur den dummen Bauern gesehen, den man ausnehmen kann wie eine Weihnachtsgans. So waren diese Städter. Meinten immer, sie seien etwas Besseres. Bestimmt hielten sie sich jetzt die feisten Bäuche vor Lachen über den dummen Tölpel vom Lande, der auf ihre scheinheilige Freundlichkeit hereingefallen war. Hinz und Kunz würden sie erzählen, wie der blöde Bauer seine halbe Kuh mit ihnen versoffen hatte …

Laut schrie Eberwin auf und verhinderte nur mit Mühe, dass er der Länge nach hinfiel. Im Dunkeln war er über einen spitzen Stein gestolpert, der am Wegesrand aus der Erde ragte.

»Drecksstadt!«, brüllte er in hilflosem Zorn los. »Verfluchte Drecksstadt! Ich wünschte, du und deine niederträchtigen Bewohner, ihr würdet allesamt von der Erde verschlungen, als hätte es euch niemals gegeben! Ohne euch wäre die Welt eine bessere!«

Vor Wut schäumend humpelte er mühsam weiter. Geschähe ihnen ganz recht, wenn der Teufel ihn erhörte und seinen Wunsch wahr werden ließe! Das nächste Mal würden sie ihn dann sicher anders behandeln, der Balthasar und seine feinen Kumpel.

Das nächste Mal? Nachdenklich hielt Eberwin einen Moment inne.

Kein Köln mehr, das hieß: kein Markt, auf dem man sein Vieh verkaufen konnte. Kein Balthasar, mit dem man ein Bierchen trank. Keine Schänke mit der hübschen Fridrun, die ihm schöne Augen machte …

So langsam bekam er ein ungutes Gefühl in der Magengrube. Ach, Unsinn. Das war ja nur so dahergesagt. So etwas hatte keine Wirkung. Alles Einbildung.

Aber je länger er darüber nachdachte, desto mulmiger wurde ihm. Wenn nun vielleicht doch …?

Es gab nur eine Möglichkeit, das herauszufinden. Langsam drehte er sich um. Dunkelheit. Undurchdringliche Finsternis. Verschwunden die große Stadt mit ihrer hell erleuchteten Stadtmauer. Keine Spur mehr von ihr.

Eberwin war vor Entsetzen wie gelähmt. Wie konnte das geschehen? Was hatte er angerichtet! Aus reiner Eigensucht, nur weil er sich ein bisschen geärgert hatte, musste ganz Köln mit Tausenden von Einwohnern, die ihm gar nichts getan hatten, einfach verschwinden. Das durfte nicht sein. Wie konnte er das bloß wieder ungeschehen machen?

Tränen der Verzweiflung rannen ihm über das Gesicht, während er, ganz in sein Unglück vertieft, weiter die Straße entlanghumpelte. Und plötzlich wusste er, was zu tun war!

Hastig ließ er seinen Stab fallen und kniete sich in den Staub. Zitternd faltete er die Hände. »Herr im Himmel, vergib mir armem Sünder.« Inständig flehte er zu Gott, dass er ihm seine Hitzköpfigkeit verzeihen und den unbedachten Fluch zurücknehmen möge. Wenn doch nur alles wieder wäre wie vor jenem Augenblick, in dem ihm der Teufel die verhängnisvollen Worte in den Mund gelegt hatte! Gern würde er dafür tun, was in seiner Macht stand, versuchen, in Zukunft ein besserer Mensch zu sein, ja, vielleicht sogar eine Pilgerfahrt unternehmen …

Nach einer Weile schließlich, als ihm nichts mehr einfiel, was er Gott noch versprechen konnte um zu zeigen, wie ernst es ihm mit seiner Reue war, bekreuzigte er sich, zog sich mühsam an seinem Stab auf die Füße und klopfte sich den Schmutz von der Hose. Ob der Herr ihn wohl erhört hatte?

Das Herz schlug ihm bis zum Hals, und er musste seinen ganzen Mut zusammennehmen, um sich umzudrehen. Ein tiefer Seufzer der Erleichterung, fast schon ein Stöhnen, entrang sich seiner Brust: Da war sie wieder, die große Stadt mit ihrer von Fackeln beleuchteten Mauer! Noch einmal faltete er die Hände, schickte ein Dankgebet gen Himmel und setzte dann seinen beschwerlichen Heimweg fort.

Kaum stieß er die Haustür auf, da fiel Mechthild schon lauthals über ihn her. »Wo hast du die ganze Zeit gesteckt? Du solltest schon seit Stunden wieder zu Hause sein! Hast wohl wieder mit deinen Kumpanen in der Schänke unser gutes Geld versoffen? Wenn man dich einmal aus den Augen lässt …«

Eberwin jedoch ließ, ganz anders als sonst, mit einem stillen Lächeln die ganze Woge ihres Zorns einfach über sich hinwegrollen.

Nach einer Weile hielt seine Frau erstaunt in ihren Schimpftiraden inne. »Was ist denn mit dir los? Wieso sagst du nichts und grinst nur so komisch? Ist dir der Verstand jetzt endgültig ins Bierfass gefallen?«

Da erzählte er ihr, was ihm widerfahren war, und dass ihn nach diesem Erlebnis so leicht nichts mehr erschüttern konnte.

Mechthild runzelte die Stirn. Was waren denn das für Hirngespinste? War Eberwin wirklich so dumm oder wollte er sie nur auf den Arm nehmen? An seinem Gesicht jedoch konnte sie ablesen, dass er von der Wahrheit seiner Geschichte absolut überzeugt war. Nun, vielleicht war das ja auch ganz gut so. Da würde er in nächster Zeit bestimmt nicht mehr so schnell mit seinen Freunden versacken. Insofern wäre sie ja schön dumm, ihn daran zu erinnern, dass die Straße zum Weyertor sehr … Nein. Es war schon besser, ihm das nicht zu sagen.

Auch Eberwins Freunde, denen er in den folgenden Tagen von seinem Erlebnis erzählte, brachten es nicht übers Herz, ihn aufzuklären. Seltsam, dass er selbst gar nicht darauf kam. Es gab so eine simple Erklärung. Schließlich wusste doch jeder, dass das Gelände vor dem Weyertor sehr hügelig war. Vielleicht war er einfach in einer Talsenke gewesen, als er meinte, Köln sei verschwunden. Danach war er, wie er sagte, noch etwas weitergewandert. Wahrscheinlich befand er sich, als er sich zum zweiten Mal umwandte, auf einer Anhöhe.

Andererseits: Man konnte ja nie wissen …

Drei Tage bis zum Tod

Weiße Frauen bei Nacht sind schön, verständnisvoll – und mit Vorsicht zu genießen.

WERNER WAR ZEIT SEINES LEBENS EIN RHINGROLLER gewesen, einer der Hafenarbeiter, die die Schiffe be- und entluden. In den letzten Jahren jedoch taten ihm der Rücken und die Gelenke von den schweren Lasten so weh, dass er aufhören musste. Zum Glück waren seine Kinder bereits erwachsen und verdienten genug, um die Eltern auf ihre alten Tage unterstützen zu können.

Die Schmerzen aber wurden von Monat zu Monat schlimmer. Nichts hatte er unversucht gelassen, jedes neue Heilmittel ausprobiert und zuletzt sogar eine weise Frau aufgesucht. Doch auch sie hatte ihm mit ihren Salben und Tränken nur wenig Linderung verschafft. Oft konnte er daher nachts nicht schlafen. Um Stina, seine arme Gattin, die wahrlich genug Last mit ihm hatte, nicht durch sein Stöhnen und Herumwälzen zu wecken, hatte er sich angewöhnt, leise aufzustehen, wenn er wieder einmal keine Ruhe finden konnte, und einsame Spaziergänge durch die schlafende Stadt zu unternehmen. So war es auch heute.

Mühsam humpelte er an seinem Stock durch die menschenleeren Straßen, in denen ein lauer Wind das erste Herbstlaub vor ihm her wirbelte. Wo sollte er sich hinwenden – zum Rhein hinunter, wo ihn das Plätschern des Wassers und das Schaukeln der Schiffe am Ufer an glücklichere Tage erinnern würde? Nein, dann doch lieber stadteinwärts. Langsam wanderte er Richtung Neumarkt, an St. Aposteln vorbei und auf das Hahnentor zu. Dabei drehten sich seine Gedanken immer wieder um die Frage: Wie lange noch? Wie lange würde er dieses mühselige Leben wohl noch ertragen müssen, das ihn zu einer Last für sich selbst und seine ganze Familie machte? Wann würde der Herr im Himmel ein Einsehen haben und ihn endlich heimholen? Denn das war das Einzige, wovon er noch träumte: ein sanfter Tod.

So beschäftigt war er mit seinen Sorgen, dass er gar nicht bemerkte, wie ihm eine junge Frau in einem strahlend weißen Gewand entgegenkam. Wer sie genau beobachtete, konnte fast den Eindruck haben, als schwebe sie über den Boden dahin.

Erst als sie unmittelbar vor ihm stand, hob Werner erstaunt den Blick. Milde lächelte sie ihn an. »Werter Herr, Ihr scheint mir großen Kummer zu haben«, sagte sie mit wohlklingender Stimme.

»Woher ... woher wisst Ihr ...«, stammelte Werner verwirrt.

»Nun, wenn einem jemand begegnet, der einen nicht einmal bemerkt, wenn er schon fast mit ihm zusammengestoßen ist, und wenn dieser Jemand dabei noch ein solch trauriges Gesicht macht, dann braucht man wirklich keine Hellseherin zu sein, um das zu erkennen.«

»In der Tat«, murmelte Werner beschämt. »Verzeiht, edle Dame, dass ich so unachtsam war.«

Ihr Lachen klang silberhell. »Macht Euch nur keine Gedanken. Es ist doch nichts geschehen.« Dann legte sie ihm leicht die Hand auf den Arm. »Auch ich kann nicht schlafen und habe weiter nichts vor. Erzählt mir doch, was Euch bedrückt. Vielleicht geht es Euch danach besser.«

Werner kam es gar nicht in den Sinn, sich darüber zu wundern, dass eine vornehm gekleidete Frau ganz allein zu so später Stunde auf der Straße war und ihn dazu noch freimütig bat, ihr sein Herz zu öffnen. In dem Moment, da ihre Hand ihn berührt hatte, durchspülte ihn eine Woge des Vertrauens, die alle Zweifel und alle Vorsicht mit sich fortriss.

Lange gingen sie gemächlich nebeneinander her, während er der jungen Frau wie einer alten Freundin von seiner langen Krankheit erzählte, aber auch von seiner Arbeit, von Stina, den Kindern und Enkeln. Dabei achtete er gar nicht mehr auf den Weg, sondern überließ der Fremden die Führung.

Verwundert setzte sich Werner auf und rieb sich die Augen. Seltsam, eben hatte er doch noch ... Und wo war er überhaupt? Über ihm zwitscherten die Vögel, und der Wind ließ das letzte Laub in den Bäumen rauschen. Auf den ersten Blick wirkte alles friedlich, aber als er sich genauer umsah, durchfuhr ihn ein eisiger Schreck: Er war umgeben von Gräbern! So schnell er konnte, erhob er sich und schüttelte Blätter und Erde aus den Kleidern. Wie war er nur hierher gekommen, nach Melaten, dem großen Zentralfriedhof, den die Franzosen vor wenigen Jahren außerhalb der Stadt angelegt hatten? Angestrengt überlegte er, doch das Einzige, woran er sich erinnern konnte, war, wie er mit dieser vornehmen Dame durch die Stadt gewandert war und ihr sein Herz ausgeschüttet hatte.

Nachdenklich begab er sich auf den Heimweg. Schon seltsam, wie er der Fremden ohne Zögern manches erzählt hatte, wovon nicht einmal Stina oder seine besten Freunde wussten. Ob sie ihn verhext hatte? Man konnte ja nie wissen. Und merkwürdig war sie schon gewesen. Ganz allein mitten in der Nacht unterwegs in diesem strahlend weißen Kleid.

Mit einem Mal fiel es ihm wie Schuppen von den Augen, und seine Züge entspannten sich. Natürlich! Dass er da nicht eher drauf gekommen war! Jetzt musste er aber schleunigst nach Hause, denn drei Tage waren nicht viel Zeit.

Als er endlich müde durch die Tür humpelte, lief ihm Stina aufgeregt entgegen. »Wo hast du bloß gesteckt? Wir haben uns solche Sorgen gemacht! Und wie du aussiehst! Du bist ja ganz schmutzig, und deine Kleider sind zerknittert, als ob du in ihnen geschlafen hättest.«

Werner sah sie ernst an. »Ich bin letzte Nacht der Weißen Frau begegnet.«

Stina erbleichte und ließ sich auf einen Stuhl sinken. »Der … Weißen Frau? Bist du sicher?«

Er nickte. »Sie hat lange mit mir geredet und heute morgen war ich plötzlich auf Melaten.«

Stina brach in Tränen aus. »Oh Gott, wie furchtbar! Dann hast du nur noch drei Tage zu leben! Was soll ich denn nur machen, ohne dich?«

Doch Werner unterbrach ihr Gejammer. »Nicht, Stina. Weine nicht. Für mich ist es am besten so. Mit diesen furchtbaren Schmerzen ist mein Leben eine einzige Qual, das weißt du. Unsere Kinder werden sich um dich kümmern, wenn ich nicht mehr bin. Sie haben uns doch auch bisher nicht im Stich gelassen. Mach dir keine Sorgen. Sag lieber unseren Freunden und Verwandten Bescheid, damit ich meine Angelegenheiten ordnen und von ihnen Abschied nehmen kann.«

Wie ein Lauffeuer verbreitete sich die Nachricht in der Stadt, dass Werner der Weißen Frau von Melaten begegnet war, und alle, die ihn kannten, nutzten nun die letzte Gelegenheit, ihn noch einmal zu besuchen und ihm Lebewohl zu sagen, denn jeder wusste, was das zu bedeuten hatte: Wer die Weiße Frau sah und von ihr auf den Friedhof geführt wurde, starb binnen drei Tagen, doch er starb mit einem Lächeln auf den Lippen.

Tatsächlich erhob auch Werner sich am dritten Tag nicht mehr von seinem Lager. Als die Dämmerung hereinbrach, öffnete er noch einmal die Augen, starrte in einen dunklen Winkel des Zimmers und flüsterte mit schwacher Stimme: »Sie … ist … gekommen.« Dann tat er seinen letzten Atemzug. Auf seinem Gesicht aber lag noch im Tod ein glückliches Lächeln, als hätte er etwas unendlich Schönes gesehen.

Aus einem fernen Land

Kleine Kinder brauchen den Sensemann nicht zu fürchten, denn zu ihnen kommt ein himmlischer Todesbote.

DIE FRAU STELLTE IHRE EINKÄUFE AUF DEN TISCH und sog verwundert die Luft ein, welche stark nach Rosen roch. »Martin«, rief sie, »ist jemand hier gewesen, während ich fort war, und hat Blumen gebracht, oder weshalb duftet es so?«

Aus dem Hinterzimmer kam ein kleiner Junge gerannt. »Das war das schöne Mädchen«, sagte er. »Das hat die Blumen gebracht. Ich habe sie auch schon in eine Vase gestellt.«

Verwirrt sah die Mutter ihn an. »Welches schöne Mädchen? Hat es denn gesagt, wer es geschickt hat?«

»Nein, hat es nicht gesagt. Aber es hat Susanne in den Schlaf gesungen, weil sie so furchtbar geweint hat. Und es hat erzählt, dass es von ganz weit her kommt, aus einem Land, wo immer die Sonne scheint und die Bäume blühen und gleichzeitig Früchte tragen. Und es hatte richtig vornehme Kleider an –«

Besorgt unterbrach ihn die Mutter. »Moment, Martin. Jetzt erzähl mir mal ganz langsam der Reihe nach, was passiert ist und wie das Mädchen ausgesehen hat.«

»Also«, Martin holte tief Luft. »das war so. Ich hab an der Wiege auf dem Fußboden gespielt. Na ja, vielleicht bin ich dabei ein bisschen zu laut

gewesen. Jedenfalls ist Susanne aufgewacht und hat angefangen zu weinen. Ich hab mich sofort um sie gekümmert und sie geschaukelt, wie du mir gezeigt hast. Aber sie ist immer lauter geworden. Ich hab sie auf den Arm genommen, aber es wurde nicht besser. Ganz im Gegenteil. Schließlich hat sie so furchtbar geschrien, dass ihr Köpfchen schon ganz heiß und rot wurde und ich gar nicht mehr wusste, was ich noch tun sollte. Da stand plötzlich dieses Mädchen mit einem großen Blumenstrauß im Zimmer. Ich hatte es gar nicht kommen hören. Es war wunderschön, mit langen blonden Haaren, wie ein Engel. Sein weißes Kleid war mit Gold, Silber und Perlen bestickt und ging bis auf den Boden. Darüber trug es noch einen schweren Umhang aus rotem Samt. Es hat mich freundlich angelächelt und gesagt: ›Lass mich dein Schwesterchen wiegen. Ich hab so etwas schon oft gemacht. Bestimmt beruhigt sich die Kleine dann wieder.‹ Ich wollte ja erst nicht, weil du immer sagst, dass Fremde die Susanne nicht anfassen sollen. Aber das Mädchen war so nett und vornehm – da hab ich ihm vertraut. War das denn falsch? Hätte ich das nicht tun dürfen?«

Mit zitternder Hand strich sich die Mutter eine Haarsträhne aus dem Gesicht. »Nein, nein, Martin, du hast nichts falsch gemacht. Erzähl nur weiter.«

»Ja, also ich hab dem Mädchen die Susanne in die Arme gelegt, und die hat auch fast augenblicklich damit aufgehört, so furchtbar zu schreien. Nur noch ein bisschen geschluchzt hat sie. Und das Mädchen hat ein seltsames Lied gesungen, in einer fremden Sprache. Das klang fast ein bisschen wie in der Kirche. Darüber ist die Susanne eingeschlafen. Wir haben sie dann wieder in die Wiege gelegt und zugedeckt, und das Mädchen hat ihr einen Kuss auf die Stirn gedrückt. Da hat sie plötzlich gelächelt, als ob sie etwas sehr Schönes träumt.

Das Mädchen hat sich dann zu mir gesetzt, trotz der schönen Kleider, und mit mir gespielt. Dabei hat es mir erzählt, dass es aus einem fernen Land kommt. Hab ich ja eben schon gesagt. Und dass die Kinder dort den ganzen Tag spielen dürfen und nie arbeiten oder in die Schule gehen müssen. Dass es da immer für alle genug zu essen gibt und niemand Not leiden muss. Dass dort niemand krank wird und Schmerzen hat. Dass jedes Kind so viel Spielzeug haben kann, wie es will. Und … na ja …«, verlegen drehte Martin mit der linken Hand an seinem rechten Zeigefinger, »ich glaube, ich bin irgendwann eingeschlafen.« Er verstummte und starrte auf den Boden. Jetzt kam bestimmt ein großes Donnerwetter. Einen fremden Menschen ins Haus lassen und ihm erlauben, die Susanne in den Schlaf zu wiegen, war ja schon schlimm genug. Aber dann noch ein Nickerchen zu machen, während das sonderbare Mädchen wer weiß was anstellen konnte …

Doch die Mutter sagte nur mit tonloser Stimme: »Und weiter?«

»Also, als ich aufgewacht bin, lag ich auf dem Boden. Ich bin ganz schnell aufgesprungen und hab nach Susanne gesehen. Aber die hat immer noch gelächelt und geschlafen. Wenn nicht neben ihrer Wiege die Blumen gelegen hätten, hätte ich das Ganze wahrscheinlich für einen Traum gehalten. Aber so habe ich den Strauß ins Wasser gestellt und in der ganzen Wohnung nachgesehen. Das Mädchen war nicht mehr da, aber es hat auch bestimmt nichts angestellt oder mitgenommen. Mir ist jedenfalls nichts aufgefallen.«

Bleich, aber gefasst meinte die Mutter: »Doch, ich fürchte, das Mädchen hat etwas mitgenommen. Aber das ist nicht deine Schuld, und du hättest es auch nicht verhindern können. Komm, wir sehen mal nach Susanne.«

Hand in Hand betraten sie das Zimmer und gingen zur Wiege, neben der Blumen standen, wie sie die Mutter noch nie gesehen hatte. Rosen waren darunter, aber auch andere Blüten, die sie nicht kannte und deren Duft die ganze Wohnung durchströmte. Traurig schaute sie auf ihre Tochter hinunter. Tatsächlich lag ein Lächeln auf den Lippen des Kindes, und es schien friedlich zu schlafen. Als sie jedoch die Decke zurückschlug und es hochhob, sackte das Köpfchen zur Seite und Arme und Beine hingen wie bei einer Puppe leblos herab.

Erschrocken schrie Martin: »Mama, was hat sie denn? Wieso bewegt sie sich nicht? Was ist denn los mit ihr?«

Der Mutter versagten die Beine. Langsam ließ sie sich auf die Erde sinken, wo sie das Kind in den Armen schaukelte, als ob es noch lebte. Während ihr die Tränen übers Gesicht rannen, erklärte sie Martin was geschehen war: »Ach Martin, Menschen sterben in jedem Alter und manche von ihnen schon, wenn sie noch ganz klein sind. Damit sie sich nicht fürchten, schickt der liebe Gott ihnen einen Engel, der ihre Seelen ins Paradies geleitet. Und da ist jetzt auch unsere Susanne.

Uns hat der Kinderengel besucht. Nur die Kinder können ihn sehen. Für Erwachsene hingegen bleibt er unsichtbar.

Als du mir erzählt hast, wie das fremde Mädchen aussah, habe ich schon nach den ersten Sätzen so etwas befürchtet, denn alle hier in Köln, die diesen Engel jemals zu Gesicht bekommen haben, beschreiben ihn ganz ähnlich.«

In den nächsten Tagen und Wochen waren Martin und seine Mutter noch oft sehr traurig über Susannes Tod. Aber jedes Mal, wenn sie den Duft der Paradiesblumen rochen, schien ihr Kummer ein wenig leichter zu werden, denn er erinnerte sie daran, dass das Kind nun bei Gott im Himmel war, in jenem wundersamen, fernen Land, das der Engel beschrieben hatte.

Yvonne Plum, 1957 in Köln geboren, ist Stadtführerin, Schriftstellerin und Erzählerin. In den letzten Jahren beschäftigte sie sich vor allem mit Sagen aus Köln und dem Rheinland. »Teufelswerk und Geisterspuk« ist ihr zehntes Buch.

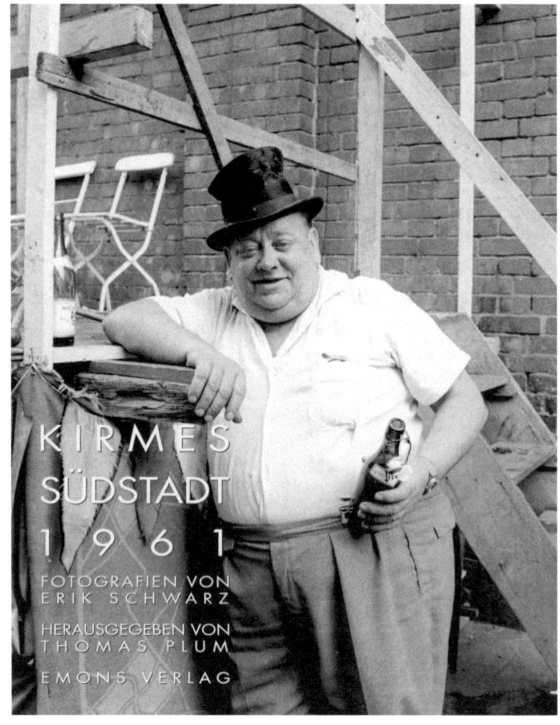

KIRMES SÜDSTADT 1961
Fotografien von Erik Schwarz
Herausgegeben von
Thomas Plum
Gebunden, 128 Seiten
ISBN 3-89705-405-1

Manche werden diesen alten Tagen nachtrauern, an denen ihre Straße Kopf stand: Der Sonntagsstaat wurde hervorgeholt, es wurde gefeiert, gespielt, gelacht, getanzt, getrunken, entfesselte Lebensfreude wurde freigesetzt. In den 1950er und 1960er Jahren fand in Köln während der Sommermonate fast jeden Sonntag eine Pfarrprozession mit nachfolgender Kirmes statt. Es waren Feste der »kleinen Leute«: Alt und Jung, Freunde und Verfeindete, Kölner und Fremde feierten miteinander, die Veedelsgemeinschaft, das Zusammengehörigkeitsgefühl war oberstes Gebot.
1961 galt es, ein »kölsches Jubiläum« zu begehen: Die Kirmes in der Zugasse feierte ihr elftes Jahr in der Nachkriegszeit, das Fest wurde besonders üppig ausgestattet. Dieser besonderen »urkölschen« Romantik setzt der Fotograf Erik Schwarz ein Denkmal. Mit seinen atmosphärischen Schwarzweißaufnahmen gelingt es ihm, die Betrachter zu Teilnehmern des Festes zu machen, so, dass sie dessen Schönheit und Glück, die uns in der Wirklichkeit verlorengegangen sind, zumindest in diesen Fotografien miterleben können.

»Nostalgie der Südstadt – Ein fotografisches Kleinod.«

Bettina Bab
und Katharine Regenbrecht
RHEINTÖCHTER, SCHIFFERINNEN, BADENIXEN UND KINDSMÖRDERINNEN
Kölner Frauenleben am Rhein
Gebunden, 144 Seiten
ISBN 3-89705-154-0

Ob Strandbad, Arbeitsort oder Hinrichtungsstätte, ob Schauplatz von Legenden und Bräuchen oder Reiseweg – quer durch die Geschichte prägte der Rhein das Leben der Frauen an seinen Ufern. Er ernährte sie, ermöglichte ihnen Mobilität, brachte Glück – konnte aber auch eine Bedrohung sein.
Das Buch schildert weitgehend unbekannte Seiten der Kölner Geschichte, in der es noch Geheimnisse zu entdecken gibt. Die Autorinnen ziehen die Verbindung vom Rhein zu Mythologie, Moral und Arbeit, zu den Kämpfen und Vergnügungen der Kölnerinnen. Begleiten Sie Annette von Droste-Hülshoff bei ihrer Reise auf einem der ersten Dampfschiffe, das sie als »Höllenmaschine« bezeichnet; lesen Sie vom »wilden Baden« an den Kölner Rheinstränden und über das harte Los ausländischer Zwangsarbeiterinnen im nationalsozialistischen Deutschland.

»Ein unterhaltsames und informatives Lesebuch. Die Stärken des Buches liegen in seiner Vielfalt. Die Gestaltung ist eine Augenweide.« Virginia

Irene Franken und Ina Hoerner
HEXEN. VERFOLGUNG IN KÖLN
Gebunden, 240 Seiten
ISBN 3-89705-173-7

Hexe – das ist ein Wort, das eher unwirklich anmutet: Die Märchenhexe liegt näher als die Realität von Hunderttausenden bis Millionen von Frauen, die aus unterschiedlichsten Gründen umgebracht wurden, auch deshalb, weil sie Frauen waren. Die Stadt Köln war – wie (fast) jeder andere Ort auf vielfältige Weise in die Hexenjagd involviert. Hier gab der Erzbischof Anweisungen zur Verfolgung, es gab eine Reihe von Büchern und Traktaten, die in Köln (als eine der größten Druckzentralen) gedruckt wurden, es gab die berühmten Lehrer Albertus Magnus und Thomas von Aquin, die einen wesentlichen theoretischen Beitrag zur Hexenverfolgung geleistet haben.

»Eine Fülle von Hintergrundinformationen, aus der sich der Leser selbst eine Meinung bilden kann.« Kölner Stadt-Anzeiger

Ursula Köhler-Lutterbeck
und Monika Siedentopf
FRAUEN IM RHEINLAND
Außergewöhnliche Biografien aus
der Mitte Europas
Gebunden, 290 Seiten
ISBN 3-89705-226-1

Frauen im Rheinland werden besungen, und ihre Schönheit wird gerühmt. Dabei geraten ihre Verdienste in Wissenschaft, Wirtschaft, Literatur oder Musik leicht in Vergessenheit. Eine kleine Auswahl von außergewöhnlichen Biographien soll zeigen, was Frauen in den letzten zweitausend Jahren am Rhein geleistet haben. Die meisten hier erwähnten haben im neunzehnten und zwanzigsten Jahrhundert gelebt, alle sind bereits verstorben. Doch auch Frauen aus früheren Jahrhunderten werden gewürdigt. Das Spektrum der Berufe reicht von der Äbtissin bis zur Zoologin. Die Lebensläufe sind nicht nur spannend, sondern auch ein wichtiges Kapitel der Frauengeschichte am Rhein.

»Ein unbedingt empfehlenswertes, spannendes und informatives Lese-Buch, das ins Bücherregal jeder Rheinländerin gehört.«
General-Anzeiger